HEYNE <

Das Buch
Die grenzenlose Freiheit der Traumwelten entdecken, Antworten auf wichtige Lebensfragen finden, aufregende Abenteuer erleben: Die wundersamen Reisen, die wir im Schlaf unternehmen, haben entscheidende Bedeutung für unser Leben, beeinflussen unsere Gesundheit und lenken unsere Beziehungen. Klausbernd Vollmar zeigt, wie jeder Mensch einen Zugang zu seinem Nachtbewusstsein finden, seine Träume verstehen und aus ihnen lernen kann. Mit zahlreichen unterhaltsamen Anekdoten und lehrreichen Beispielen lässt dieser Kursus sofort erkennen, was unsere Träume wirklich bedeuten und wie man sie für mehr Lebensfreude und zur Lösung von Alltagsproblemen kreativ nutzen kann.

Der Autor
Klausbernd Vollmar, Diplom-Psychologe und Autor, ist einer der bekanntesten Traumexperten im deutschsprachigen Raum. Seine Bücher sind in mehr als zehn Sprachen übersetzt worden. Vollmar ist Mitbegründer der Internetfirma *TraumOnline*, die umfangreich über das Thema Traum und Symbolik informiert und Beratungen und Seminare anbietet. Seit 1982 lebt Klausbernd Vollmar in Norfolk/England.

Klausbernd Vollmar

Die Weisheit der Träume

Ihre Symbolsprache verstehen und nutzen

WILHELM HEYNE VERLAG
MÜNCHEN

FSC
Mix
Produktgruppe aus vorbildlich bewirtschafteten Wäldern und anderen kontrollierten Herkünften
Zert.-Nr. SGS-COC-1940
www.fsc.org
© 1996 Forest Stewardship Council

Verlagsgruppe Random House
FSC-DEU-0100
Das FSC-zertifizierte Papier München Super
für Taschenbücher aus dem Heyne Verlag
liefert Mochenwangen Papier.

Taschenbucherstausgabe 02/2006

Printed in Germany 2006
Umschlaggestaltung: HildenDesign, München
Umschlagmotiv: The Palma Collection/gettyimages
Herstellung: Helga Schörnig
Druck und Bindung: GGP Media GmbH, Pößneck
ISBN-10: 3-453-70033-3
ISBN-13: 978-3-453-70033-8
http://www.heyne.de

Inhalt

Vorwort – Der Traum

Ich weiß nicht, was soll es bedeuten,
Dass ich so traurig bin.
Ein Märchen aus uralten Zeiten,
das geht mir nicht aus dem Sinn.
LIED DER LORELEY (HEINRICH HEINE)

Er vergeht wie der Rauch im Wind oder man erzählt belustigt von ihm. Man hält ihn für eine Spinnerei oder ist fasziniert von seinen Bilderwelten. Bisweilen lässt man sich so berühren, dass man ihn seinem Partner oder einer Freundin erzählt. Manchmal schreibt man ihn gar auf – man weiß ja nie.

»Von wem ich schreibe?«, fragen Sie.

»Ich schreibe vom Traum.«

»Wie kommen Sie denn auf dieses verrückte Thema?«

Ganz einfach, ich träume, genau wie Sie. Der Traum gehört zu meinem Wesen wie zu Ihrem. Schon als Kind haben mich die Filme fasziniert, die bald begannen, nachdem das Sandmännchen mich besuchte. Ich liebe die Freiheit der Traumwelten, in denen ich mich unabhängig von Raum und Zeit und meinem Willen bewege. Der Traum bietet die inspirierende Antwort auf meine Fragen. Er lässt mich unbegrenzte Abenteuer erleben. Er ist ein Botschafter meines Inneren, Motor des Lebens und eine Kraft, die mich bewegt. Heute reise ich quer durch Europa und halte Vorträge darüber, wie man diese nächtlichen Filme nutzen kann. Ich träume davon, wie ich in einem bunten Luftschiff über die Länder schwebe und den emsigen Menschen unten in idyllischen Dörfern und großen Städten zuwinke. Seit über dreißig Jahren beschäftige ich mich mit dem Traum. Ich habe in Kursen, bei Vorträgen, in Radio- und Fernsehsendungen tausende von Träumen gehört. Es ist erstaunlich, wie unser innerer Regisseur immer wieder aufregende Bilder produziert. Nach wie vor betrachte ich den Traum als ein verblüffendes und wunderbares Geschenk für den Alltag. Er leitet mich sicher durch eine bisweilen verwirrende Welt. Er ist zu meinem lieben Freund geworden, der mir Zuspruch spendet, der mich hilfreich, oft mit neckischem Augenzwinkern kritisiert und der mich zu mir selbst bringt. Immer wenn ich erzähle, dass ich mich mit Träumen beschäftige, gibt es diesen magischen Moment. Zunächst herrscht Schweigen. Ich werde erstaunt bis skeptisch betrachtet. Aber nur ganz kurz, dann kommt die Reaktion: Man beginnt sofort einen Traum zu erzählen, der den Träumer so weit reizte, dass er neugierig wurde. »Was bedeutet denn das?«, fragt man mich erwartungsvoll.

Die Schönheit und Weisheit des Traums möchte ich Ihnen mit diesem Buch vermitteln. Ich möchte Sie anregen, mit Ihren Träumen zu spielen, sich an ihnen zu erfreuen und sie für die Bewältigung Ihres Alltagslebens zu nutzen. Und eines ist ohnehin klar: Jeder ist ein Träumer, auch wenn er oder sie es noch nicht weiß. Ohne den Traum wäre unsere Welt grau und langweilig. Der Traum ist die natürliche Poesie des Lebens, wie ein Märchen aus uralten Zeiten, das uns tief berührt.

1

Warum arbeiten wir mit Träumen?

Es gibt Dinge, die man sieht und Dinge,
die man nicht sieht.
Dazwischen gibt es Türen.
William Blake

Ich sitze an meinem Schreibtisch. Die Fenster sind weit geöffnet. Inspirierend scheint die Sonne auf die dunkelgraue Tastatur meines Rechners. Eben, in der Sitzung meiner Traumgruppe, fragte mich eine Klientin, warum es überhaupt sinnvoll sei, sich mit seinen Träumen zu beschäftigen. Eine ketzerische Frage, die sogleich mit erschrockenem Schweigen von der Gruppe quittiert wurde. Eine beklemmende Stimmung kam auf, die nur von den Schreien der Möwen aufgelockert wurde.

Freche Fragen liebe ich, denn sie bringen uns aus dem Trott. Wo der Intellekt sich empört, da geht es weiter – und das trifft im besonderen Maße für die Traumdeutung zu.

Ich höre mich antworten: »Träume machen uns kreativ! Sie zeigen uns geniale Problemlösungen auf, öffnen uns die Augen für den nächsten rettenden Schritt, setzen Möglichkeiten in Szene und eröffnen völlig neue Perspektiven. Das alles wird filmisch umgesetzt, treffend wie ein Werbespot. Diese inneren Filme möchten Neues zeigen, uns wachrütteln.«

Unsere Träume sind ein Schnittpunkt zwischen den altgewohnten Mustern unserer Erfahrung und dem Neuen, das sich in Ihnen andeutet und formt. Plötzlich können Sie dem anderen Ufer entgegenfliegen, dem Monster, das Sie verfolgt, die Zunge herausstrecken und sich schamlos nackt in voller Schönheit zeigen. Das ist Traum. Das ist Kreativität. Hier herrscht das leichte Spiel der Möglichkeiten. Möglichkeit paart sich mit Begehren, mit der Freude am närrischen Spiel.

Der Traum mit seiner unbegrenzten Kreativität stellt den direktesten Zugang zu unseren potenziellen Kräften dar. Aus ihm spricht das volle Menschenleben, unsere lebendige und kreative Seite. Deswegen sind viele Träume so wild. Ich wundere mich immer wieder, wie viele Menschen im Traum »Wildheit pur« erleben und das gerade dann, wenn ihr Leben in grauer Routine zu erstarren droht. Unsere Kreativität ist gar nicht zu unterdrücken. Sie setzt sich durch und findet ihren Ausdruck in den kühnen Träumen der Nacht. Die Geschichten aus Tausendundeiner Nacht berichten immer wieder, wie der Herr der Geister hilfreich im Traum erscheint und den Träumer zu neuen Taten inspiriert, mit denen jener dann sein Glück macht. So geschah es auch Elias Howe, der als Ingenieur der Firma Singer die Nähmaschine erfinden sollte. Wie sehr er sich auch anstrengte, die Fadenführung blieb ihm eine unlösbare Aufgabe. Ständig sah er die Nadel vor sich blitzen, oben das Öhr, unten die Spitze. Aber wie konnte die Maschine den Faden durch den Stoff führen? Durch solche Überlegungen entnervt und ermüdet schlief er am Schreibtisch ein. Und wie so häufig brachte der Schreibtischschlaf die Erleuchtung.

Plötzlich fand sich Howe im Busch von Wilden umringt. Ehe noch Panik aufkommen konnte, steckte man ihn in einen riesigen geschwärzten Topf mit Wasser und begann ein Feuer anzuzünden. Die Lage war misslich, doch Howe blickte entsetzt über den Rand des Topfes. Er sah die Menschenfresser mit ihren Speeren wild um den Topf herumtanzen. Sie schwenkten ihre Speere in der rechten Hand und da erkannte Howe, dass all diese Speere unten, an der spitzen Stelle, ein Loch aufwiesen.

In Angst und Schrecken wachte der Ingenieur auf. Noch schweißüberströmt wurde ihm klar, dass er die Lösung des Problems gesehen hatte: Das Öhr muss in der Nadel unten sein, um den Faden in der Nähmaschine führen zu können. Der Geist des Traums hatte Howe wie schon so vielen vor ihm geholfen. Er wird Ihnen ebenfalls helfen. Vertrauen Sie darauf.

Die Magie der neuen Perspektive

Die Wahrheit liegt nicht in einem Traum,
sie liegt in vielen.
AUS TAUSENDUNDEINER NACHT

Wir sahen es am Beispiel von Howes Traum: Träumen ist Sehen mit dem inneren Auge. Da unser inneres Auge niemals kurzsichtig ist, bekommen wir eine größere Perspektive und einen besseren Überblick. Das ist eine der großen Hilfen, die uns unsere Träume im Alltagsleben bieten. Sie ändern unsere eingefahrenen Muster, durch deren Filter wir unsere Umwelt wahrnehmen. Deswegen wirken sie so verblüffend. Sie zeigen uns das, wofür wir im Tagesbewusstsein blind sind. Sie versetzen uns in die Lage, Anderes wahrzunehmen. Indem wir auf neue Weise wahrnehmen, entwerfen wir uns und unsere Umwelt neu. Wir werden nicht mehr durch die Scheuklappensicht unserer Erfahrungen eingeengt, sondern blicken über den eigenen Gartenzaun. Normalerweise sehen wir nur das, was wir zu wissen glauben. Die Träume erweitern dieses Wissen. Daher sieht der Träumer mehr und unterliegt weniger Beschränkungen. Auf der Ebene des Unbewussten erschaffen wir uns damit neu, denn mit dem, was wir wahrnehmen, erschaffen wir unsere eigene Wirklichkeit. Jede neue Welt wird in der Traum- und Vorstellungswelt geboren. Dort liegt der Ursprung aller Schöpferkraft, weswegen in vielen Schöpfungsmythen die Welt von einem Gott erträumt wird. Der Traum schafft Wirklichkeit, denn die Materie folgt dem Geist.

Carl Gustav Jung träumte, dass er sich selbst in meditativer Haltung sitzen sieht. Er wusste schon während des Traums, dass er sich sein eigenes Leben in der Meditation erschafft.

Der Schöpfer lässt die Welt durch seinen Traum entstehen. Jung (analytischer Psychologe, der sich tiefsinnig mit Träumen beschäftigte, 1875–1961) als Schöpfer seines eigenen Lebens schaffte dies in der Meditation. Die Meditation gleicht dem Traum in der Hinsicht, dass wir uns in beiden einer höheren Weisheit öffnen. Der »Gott in uns« spricht im Traum. Es wäre töricht, dem unser Ohr zu verschließen. Gott hilft durch Traum und Meditation uns immer wieder neu zu erfinden und uns zu entwickeln.

Der Traum setzt das in Szene, wovor wir im Alltagsleben die Augen verschließen. Was wir am Tag nicht sehen wollen, das wird uns im nächtlichen Traumfilm wieder vorgeführt. Es ist meistens das, was nicht in unser geschöntes Selbstbild passt. Sie halten sich für sanft und können Ihre Aggressivität nicht sehen. Amok laufend erleben Sie sich im Traum, den Sie partout nicht verstehen wollen. Haben Sie sich gefragt, welches Ich sich da in Ihnen meldet? Sehen Sie den Traum als den kostenlosen Therapeuten an, der Sie allnächtlich heimsucht. Er führt Sie wieder in die Ganzheit. Er erweitert nicht nur Ihren Blickwinkel, sondern er arbeitet auch an Ihrem realistischen Selbstbild. Sie kennen sicher folgende Situation: Da nimmt Ihnen einer die letzte Parklücke weg und Sie möchten am liebsten dieses Fahrzeug rammen und den Fahrer genüsslich langsam erwürgen. Für Sie ist der andere der Böse und Aggressive – und Sie? Sie sehen sich als armes Opfer. Auf der Tagtraumebene werden Sie jedoch zum Mörder. Zweifelsohne sind Sie aggressiv, aber es bedurfte erst dieses Tagtraums, um Ihnen das ganz klar aufzuzeigen. Machen Sie sich dennoch keine Sorgen, Aggressionen gehören zum Leben. Sie werden erst dann gefährlich, wenn man sie bei sich selbst nicht erkennt. Danken Sie Ihrem Traum, dass er Ihnen Ihr wahres Gesicht zeigte – oder zumindest ein Ich in Ihnen, das Sie erbärmlich unterdrücken.

In seiner ausgleichenden Funktion zeigt Ihnen der Traum das, was Sie bewusst nicht erkennen wollen oder können. Ein gutes Beispiel stellt der bekannte Verfolgungstraum dar. Was uns verfolgt, das möchte gesehen werden. Es rennt hinter uns her, um beachtet zu werden. Wovor wir im alltäglichen Leben die Augen verschließen, das kehrt im Traum zu uns zurück, um auf sich aufmerksam zu machen. Wenn wir nur Gewohntes wahrnehmen wollen, Probleme sogleich vereinfachen, meist nur in bekannten Bahnen denken und von unseren Mechanismen blind abhängig sind, dann weisen unsere Träume die Tendenz auf, gerade das Ungewohnte, Unbequeme und Neue, das Komplexe und Weite in Szene zu setzen, um uns wieder auf den rechten Weg zu bringen. Der Traum lässt Einseitigkeiten nicht zu.

Die ungewohnte Wahrnehmung der Situation lockert unsere erstarrte Sichtweise und erweitert unser Bewusstsein, wodurch wir das Problem in einem komplexeren Zusammenhang erkennen können und uns zugleich erstaunlich einfache und elegante Lösungen geboten werden.

In der anschaulichen Sprache der griechischen Klassik nannte man diesen Effekt den Kuss der Muse. Durch den Traum kommt die Muse als Personifikation des kreativen Einfalls zu uns. Die weibliche Sprache der traumhaften Bilder lockert den zur Erstarrung neigenden männlichen Code des Alltagslebens auf. In der erotischen Geste des Kusses drückt sich die synthetische Einstellung aus. In einer von der männlichen Sprache bestimmten Welt bildet die von der weiblichen Sprache geprägte Traumwelt das Gegenbild, das für die ganzheitliche Sicht und Erfassung der Wirklichkeit wichtig ist. Der Traum steht auf der Seite der Natur, die sich stets entwickeln möchte. Er stellt unsere heutige einseitige Ausrichtung auf den Intellekt in Frage, da er weit gehend ein Kind des Unbewussten und zugleich eng mit dem Höheren Selbst verbunden ist. Wie heißt es so treffend in dem Zitat aus Tausendundeiner Nacht: »Die Wahrheit liegt nicht in einem Traum, sie liegt in vielen.« Die sich ergänzenden unterschiedlichen Sichtweisen ergeben das neue, realistische Bild der Situation beziehungsweise des Problems oder der Herausforderung.

Es gibt eine Fülle historischer Beispiele, die von Kekulé von Stradonitz (1829–1896, Chemiker) über Albert Einstein (1879–1955, Physiker) bis zu heutigen Traumgruppen von Managern in den USA und Japan reichen, die zeigen, wie das Verständnis der nächtlichen Träume zu einer neuen Beschreibung der Realität führt. Naturgesetze und so genannte bewährte Lösungen werden durch stimmigere Modelle ersetzt. Dadurch wird die Vaterautorität, die sich gesellschaftlich in wissenschaftlichen Gesetzmäßigkeiten (man könnte von Dogmen reden) und so genannten Sachzwängen äußert, durchbrochen und durch ein neues, der Realität angepasstes Wahrnehmen und Denken ersetzt. Gedankenfixierungen werden aufgelöst und so öffnet sich der Weg für originelle Wahrnehmungen und neues Handeln.

Mehr aus sich machen – Potenzialentwicklung

Nicht auf das ewige Leben,
auf die ewige Lebendigkeit
kommt es an.
FRIEDRICH NIETZSCHE

Meistens leben wir auf Sparflamme. Das ist eine Schande. In unserem tiefsten Inneren leiden wir daran. Wie oft stellen Sie sich selbst im Leben ein Bein? Schauen wir uns nur das leidige Gebiet unserer Karriere an. Wie oft haben Sie sich klein und überfordert gefühlt? Wie oft haben Sie Ihr Licht unter den Scheffel gestellt? Der Traum lässt Ihnen das nicht durchgehen. Er arbeitet ständig an Ihrer Entwicklung, schon allein dadurch, dass er Selbstbeobachtung und Selbsterfahrung ist. Was meinen Sie denn, was Sie im Traum erleben? Nur sich selbst!

Der erste Schritt, um sein Potenzial besser leben zu können, ist die Selbsterkenntnis. Wenn Sie Ihre Träume regelmäßig betrachten, kommen Sie sich selbst unausweichlich auf die

Schliche und lernen sich besser kennen. Der Traum ist nämlich ein Lehrfilm, den Ihr innerer Regisseur exklusiv für Sie dreht, auf dass Sie Ihre Wiederholungen und Ihre Selbstbeschneidungen betrachten. Auf diese Weise treibt er Sie dazu, sich weiterzuentwickeln. Als Agent der Evolution hält er Sie beweglich. Natürlich übertreibt der Traum. Er spitzt die Bilder zu, damit Sie endlich erkennen, wo Sie sich selbst im Weg stehen. Das ist die pädagogische Übertreibung, ein altbewährter Augenöffner, ohne den Sie weiter vor sich hin dämmern würden.

Elke träumt: Ich befinde mich mit einem unbekannten Mann in einer teuren Boutique. Dort kaufe ich einen schwarz-weißen Hosenanzug. Viele honorige, reiche Leute gehen an mir vorbei. Der Mann und ich warten lange, bis wir zur Kasse gehen und sich folgender Dialog entwickelt:
Ich sage freundlich zu einer Verkäuferin: »Wissen Sie nun schon über den Rabatt Bescheid?«
Verkäuferin: »Nein, die Chefs sind nicht zu erreichen, aber ich gebe Ihnen einen Rabatt von zwei Prozent ohne zu fragen.«
Daraufhin sehe ich die Rechnung, auf der 800 Euro steht. »Das ist zu teuer«, denke ich, ziehe meine Scheckkarte heraus und bezahle.

Sie sehen es sogleich: Die Träumerin möchte sich durchsetzen, aber im entscheidenden Moment gelingt es ihr nicht. Sie bezahlt für dieses Verhalten einen absurd hohen Preis, »um des lieben Friedens willen,« wie Sie es ausdrückt. Dieses Verhalten ist typisch für die Träumerin. Es wiederholte sich in ihrem Leben wieder und wieder und so ergreift dieser Traum endlich die Initiative, der Träumerin klar zu sagen, wo sie scheitert und sich selbst im Weg steht.

Es ist typisch, dass wir vor unserem Potenzial – also vor unserer Kraft – Angst haben. Die Träumerin befürchtet letztendlich, dass sie nicht mehr nett und liebenswert erscheint, wenn sie sich durchsetzt. Die Angst vor Liebesverlust lässt sie ihre Fähigkeiten opfern. Sie erkennen es deutlich an diesem Traum: Zunächst kämpft Elke für einen Preisnachlass. Sie besitzt die Fähigkeit, sich zu behaupten und durchzusetzen, aber im entscheidenden Moment wendet sie diese nicht an. Das ist eine der klassischen Wiederholungsstrukturen, die uns unglücklich machen. Damit boykottieren wir uns und leben weit unter unserem Potenzial, was uns fürchterlich ärgert und auch nicht die ersehnte Zuwendung bringt.

Aber solch ein Traum ist keineswegs wie ein strenger Lehrer, der uns drohend kritisiert, sondern eher wie der fördernde Vater, der uns zeigt, wo unsere Möglichkeiten liegen. Dieser Traum betont es: Die Durchsetzungskraft ist vorhanden. Mit Freundlichkeit kann sich die Träumerin behaupten. Dafür wird sie mit einem Rabatt belohnt.

Jeder Traum zeigt uns stets auch unsere Stärken. Er bleibt nie einseitig der Kritik verhaftet. Wenn Sie Ihr Potenzial ausbauen wollen, dann suchen Sie konsequent nach positiven Aussagen in Ihren Träumen. Fragen Sie sich bei jedem Traum, welche Ihrer Fähigkeiten er positiv beleuchtet. Die zeigen sich meist in Verhaltensweisen der Traumpersonen, die zum Erfolg führen.

Sehen Sie in jedem Traum den positiven Ansatz, den er Ihnen bieten möchte. Suchen Sie stets das Positive und Neue darin. Damit rücken Sie weg von der alten psychoanalytischen Einsicht, dass der Traum psychische Defekte behebe. Ich ziehe in meiner Arbeit die Idee vor, dass wir alle fröhliche Neurotiker sind und dies unsere Individualität ausmacht. Immer im Bereich des Kranken und Schwierigen zu suchen, zerstört unsere Kreativität und spiegelt lediglich eine von der Krankheit besessene Gesellschaft wider. Wer in der Traumarbeit den Blick hauptsächlich auf das Negative richtet, der kann nicht erwarten, dass ihm der Traum hilfreiche Lösungen bietet.

Problemlösung mit Träumen

Träume sind Pforten zum Nächsthöheren.
Clarissa Pinkola Estes

Nun kommt eines der schlagendsten Argumente für die Beschäftigung mit unseren Träumen: Sie helfen uns, unsere Probleme zu lösen. Deswegen heißt es in christlichen Kreisen: »Den seinen gibt`s der Herr im Schlaf.«

Träumen stellt die wichtigste, allerdings auch die am wenigsten beachtete Art der Problemlösung dar. Bei der gewohnten Entscheidungsfindung verlässt man sich auf Fakten und deren logische Ordnung. Diese zielgerichtete Verarbeitung von Fakten durch das Tagesbewusstsein birgt die Gefahr, nur das wahrzunehmen, was man gewohnt ist. Ungewohntes macht einem meistens Angst; man reagiert mit hysterischer Blindheit darauf. Die Angst blockiert aber jede Freiheit – auch die unserer Wahrnehmung. Es geht auf unser Sicherheitsbedürfnis zurück, dass wir das Ungewohnte und Unpassende gar nicht erst wahrnehmen. Ferner reagieren wir oft automatisch und erstaunlich unflexibel. Durch solche Verhaltensweisen kommen wir nur zu eindimensionalen Lösungen, die stark vereinfachen und somit oftmals an der Realität vorbeigehen. Diese einseitigen Lösungen im Alltagsleben hängen nicht zuletzt damit zusammen, dass wir besonders in Stresssituationen wenig emotionale Intelligenz walten lassen.

Der Traum stellt allnächtlich eine andere, vernachlässigte Perspektive der Probleme dar, mit denen wir uns die Tage zuvor beschäftigten. Da die Seele – oder wie wir die Instanz nennen wollen, die im Traum zu uns spricht – keine eigene Sprache aufweist, benutzt sie den so genannten Tagesrest (Freud), um zu den Eindrücken des Vortags neue, ungedachte Lösungen zu bieten. Freilich werden diese Lösungen nicht in unserer gewohnten Sprache ausgedrückt. Der Traum sagt uns nicht offen und direkt, was zu tun ist. Er möchte uns ja erwachsen machen und nicht in der Kindlichkeit halten. Der Traum steht auf der Seite der Emanzipation und somit auf der Seite der Selbstfindung. Er inspiriert uns durch Bilder und Symbole, unsere Probleme in neuer Weise zu sehen und zu lösen. Wer also in der Sprache seiner nächtlichen Träume zu Hause ist, dessen Wahrnehmung wird im Alltagsleben beweglicher und flexibler, wodurch Probleme differenzierter erfasst werden können und Problemlösungen kreativer werden.

Ein Problem entsteht häufig gerade dadurch, dass man mit erstarrter Sichtweise wie hypnotisiert auf die herausfordernde Situation schaut und gewohnte Verhaltensweisen ausprobiert. Eine neuartige Sicht schafft neue Strategien zur Auflösung des Problems und auf diese Weise kann die Krise durch den symbolischen Blick des Traums zur Chance werden.

Der Traum hilft deswegen, da im Traum etwas Höheres zu uns spricht. Man bekommt ein Problemfeld von einer höheren Warte aus präsentiert und kann dadurch besser die Zusammenhänge erkennen. Was dieses Höhere ist, bleibt ein Geheimnis. Ob wir es nun als die innere Stimme, Gott/Göttin oder das Höhere Selbst beschreiben, tut nichts zur Sache. Das alles sind nur Namen für etwas Unbekanntes. Wichtig ist zu sehen, dass es eine Instanz in uns gibt, die unserem Tagesbewusstsein weit überlegen ist und es sinnvoll ergänzt. Machen Sie sich klar, dass diese Instanz eine hilfreiche Instanz ist.

Jedes Problem beginnt mit dem Ende einer alten Situation oder überholter Verhaltensweisen. Der Anfang des Wandlungsprozesses ist oft von Symbolen für Katastrophen großen (kosmischen) Ausmaßes geprägt, die den Träumer erschrecken, aber auch wachrütteln. Erdbeben und reißende Fluten, Überschwemmungen, Wirbelstürme und wilde Gewitter geben den dramatischen Auftakt zur Wandlung und Problemlösung. Wer hier schon verzagt, der kommt nicht weit. Tiersymbole sind in dieser Anfangsphase ebenfalls häufig zu finden sowie Symbole der Unterwelt – vor allem Keller und Höhlen sind sehr beliebt. Da die Problemlösung mit einer Entscheidung begonnen werden muss, finden wir uns in dieser Anfangsphase häufig am Kreuzweg wieder, an dem im Märchen die Galgen stehen.

Das alte Ich wird sterben, auf dass das neue geboren werden kann.

In dieser Phase, in der sich das Alte auflöst, ist unser Traumleben besonders aktiv. Hier werden wir mit Ängsten vor dem Neuen und der Auflösung des Alten konfrontiert. Die in dieser Situation auftretende Verwirrtheit ist äußerst produktiv, da sie Platz schafft für Neues. Wir selbst erfahren sie allerdings eher als bedrohlich.

Die mittlere Phase eines Wandlungsprozesses wird oft durch die Symbolik des anderen Ufers angezeigt. Man muss meist reißende Flüsse – am besten noch voller Ungeheuer – via gefährlich schwankende Brücken oder unsichere Furten über- beziehungsweise durchqueren. Manchmal kann man sich schwimmend im Meer des Unbewussten bewegen, was ein Ziel dieser Phase darstellt. Zugleich treten in dieser Phase die so beliebten Flugträume auf, mit denen wir uns frei bewegen und den Überblick bewahren können. Auch Baum und Wald spielen häufig eine Rolle in den Träumen und Fantasien desjenigen, der auf seinem Weg schon etwas weiter fortgeschritten ist und dem seine Probleme klar geworden sind.

Endlich löst sich die Verwirrung auf und neue Lösungen werden gefunden.

Diese Symbolik als Anhaltspunkt zu haben, ist hilfreich, denn oftmals zweifelt der Träumende an seinen traumhaften Lösungen. Er ist sich unsicher, ob er wirklich einen Fortschritt gemacht hat. Seine Träume und Fantasien sagen es ihm unmissverständlich. Er wird es verstehen.

Fassen wir zusammen: Träume helfen uns,

- verborgene Gefühle und Gedanken zu erkennen, die unserer Entwicklung im Weg stehen
- selbstzerstörerische und hinderliche Verhaltensweisen zu erkennen und sie durch geeignetere Einstellungen zu ersetzen
- Wunden und Ängste aus der Vergangenheit aufzulösen
- indem sie uns neue Handlungsstrategien und Verhaltensweisen aufzeigen
- indem sie uns Hoffnung geben und uns aufmuntern

Wie sehen konkret die Phasen der Problemlösung mit Hilfe der Träume aus?

- Zunächst wird geklärt, was das Problem ist. Mephistopheles, das *Alter Ego* und der kreative Geist des Doktor Faust, stellt sich vor: »Ich bin der Geist, der stets verneint ...« Jede Problemlösung beginnt mit der Verneinung. Diese Verneinung mag in der Erkenntnis eines Mangels liegen oder in der Ablehnung bestehender Verhältnisse, auf jeden Fall bedarf es des »Nein!«, um zu einem produktiven »Ja!« zu gelangen.
- Beim zweiten Schritt beschäftigen wir uns mit dem Problem. Wir sammeln Informationen und unterhalten uns mit anderen darüber.

Diese beiden Stufen hängen noch nicht direkt mit der Traumarbeit zusammen, sind aber eine notwendige Voraussetzung dafür, dass der Traum unser Problem bereitwillig aufnimmt. Dann folgt die konkrete Traumarbeit.

- Wir stellen uns das Problem oder die Herausforderung noch einmal vor dem Einschlafen vor. Wichtig ist es, keine Lösungen zu erzwingen, sondern die Situation völlig offen zu lassen.
- Am anderen Morgen betrachten wir unseren Traum – oder unsere Träume – nur in Bezug auf dieses Problem. Das wird Sie wahrscheinlich zu neuen Ideen bringen. Bisweilen dauert es zwei bis drei Tage, bevor die Träume reagieren. Aber seien Sie sicher, sie reagieren immer.

Die Problemlösung mit Hilfe der Träume ist keineswegs mit einer neuen Idee abgeschlossen. An diesem Punkt sitzt die Idee oder die neue Sichtweise nur im Kopf. Wenn sie nicht aus dem Gefängnis des Kopfes befreit wird, macht sie uns eher unzufrieden, als dass sie irgendetwas zur Lösung beiträgt.

Der letzte Schritt der Problemlösung mit Träumen liegt darin, dass wir versuchen, die neue Sicht, Lösungsideen oder jenen traumhaft neuen Einfall in der Alltagsrealität umzusetzen. Ideen, die man umsetzt, ziehen nämlich weitere Ideen an und führen so zur praktikablen Umsetzung dessen, was der Traum Ihnen vorschlug.

Es ist nochmals zu betonen, dass die Arbeit mit unseren Träumen der bewussten Umsetzung in der Praxis bedarf. Wenn landläufig eine Person verächtlich als »Träumer« bezeichnet wird, dann ist damit meistens gemeint, dass der betreffende Mensch seine Träume nicht in die Tat umsetzt. Das macht weltfremd und hat nichts mit bewusster Traumarbeit zu tun.

2

Traumerinnerung

Du sollst alles vergessen.
Erinnere dich an deine Träume.
GRAFFITI, ZÜRICHER HAUPTBAHNHOF

Träumten Sie diese Nacht? Besuchten Sie diese Nacht andere, atemberaubende Welten, in denen Sie Abenteuer heldenhaft bestanden oder als armes Opfer schmählich untergingen?

Sie haben es bestimmt, womöglich können Sie sich nicht daran erinnern. Aber das ist kein Problem, eine zuverlässige Traumerinnerung ist schnell zu erlernen.

Natürlich könnte man sich fragen, warum man sich dieser chaotischen inneren Filme überhaupt erinnern sollte. Es wirkt bewusstseinserweiternd und macht sogar intelligenter, da der Traum unseren Horizont erweitert. Wir sehen neu, wir sehen mehr, wir sehen klarer – was wollen Sie noch mehr?!

Der Traum ist eine der intensivsten, zugleich aber eine der flüchtigsten Erscheinungsformen unseres Bewusstseins. Dokumentieren wir ihn nicht, vergeht er für gewöhnlich wie der Rauch im Wind. Ja, selbst wenn Sie sicher sind, sich an diesen aufregenden Traum im Detail zu erinnern, kann er nächsten Moment schon ins Ungreifbare entflohen sein.

Sie wachen nachts auf und sind begeistert, sich solch eines spannenden Traumes zu entsinnen. »Den werde ich bestimmt nicht vergessen«, denken Sie und schlafen heiter wieder ein. Sie kennen den Fortgang der Geschichte: Morgens werden Sie vom störenden Wecker geweckt und unter der Dusche fällt es Ihnen ein: Da war doch ein Traum. Aber das ist schon alles, was von ihm blieb. Er hat sich still und heimlich von Ihrem Gedächtnis verabschiedet. Ade, Traum – schön wäre es gewesen, dich zu haben.

Aber so muss es nicht sein! Wenn Sie vor dem Einschlafen und dem Aufwachen bestimmte Verhaltensweisen üben, können Sie sich mühelos jeden Tag zumindest an einen Traum erinnern. Das genügt, denn der Traum, an den Sie sich erinnern, wird wahrscheinlich der letzte sein, den Sie geträumt haben. Das ist nicht nur der längste Traum dieser Nacht, sondern er fasst auch die Essenz der vorangehenden Träume zusammen. Und seien wir ehrlich, wir haben doch sowieso nur selten Zeit, uns mit mehr als einem Traum täglich zu beschäftigen. Es wäre fürchterlich, sich an alle fünf oder sechs Träume der Nacht zu erinnern. Das brächte uns unter enormen Stress. Vergessen Sie eines nie: Traumarbeit sollte Sie entlasten. Ihr Ziel ist es doch, Ihre Lebensqualität zu erhöhen und nicht den alltäglichen Druck noch zu verstärken.

Das Einschlafen

Ein reines Gewissen
Ist ein sanftes Ruhekissen.
DEUTSCHE VOLKSWEISHEIT

Was treiben Sie denn so vor dem Einschlafen? Wenn Sie sich nicht an Ihre Träume erinnern wollen, kann ich Ihnen empfehlen, so viel wie möglich fernzusehen und dann erschöpft ins Bett zu sinken. Die ewig gleichen Bilder des Fernsehens rauben Ihnen Ihre eigenen inneren Bilder. Das Fernsehbild verdrängt das Seelenbild, das so geschwächt wird, dass es nicht mehr bis zum Bewusstsein auftauchen kann. Deswegen meinte der zeitgenössische amerikanische Schriftsteller Philip Roth (geboren 1933): »Wenn es nur das gäbe, was uns im Fernsehen gezeigt wird, müssten wir doch alle verrückt werden.« Mit diesem Argument setzte er sich für die Traumwelten ein – jene der Nacht und jene der Literatur.

Ich kann Ihnen empfehlen, vor dem Einschlafen zu lesen. Versinken Sie in die Welt der Romane, wird vor Ihrem inneren Auge ein Film ablaufen, in dem Sie sich Hauptpersonen, Landschaften und was nicht alles deutlich vorstellen können. Mit dem Lesen schwingen Sie sich also auf ihre nächtlichen Bilder ein. Sie schaffen einen sanften Übergang zu den inneren Bilderwelten, in die Sie nachts abtauchen. Von diesem Wissen leitet sich die Sitte ab, Kindern abends vor dem Einschlafen Märchen vorzulesen. Sie können sich diese Kindheitserfahrung zurückholen, indem Sie vor dem Einschlafen Hörbücher genießen. Falls Sie dabei einschlafen, ist das in Ordnung. Sie gleiten sanft vom literarischen in Ihren eigenen Traum. Das nenne ich Schlafen mit Kultur.

Noch vor ein paar Jahren wurde in der Traumliteratur davor gewarnt, Aufregendes vor dem Einschlafen zu lesen. Es galt die Empfehlung, ohne Krimi ins Bett zu gehen. Wenn Sie nicht gerade ein überaus zart besaitetes Sensibelchen sind, wird die spannende Nachtlektüre sich jedoch nicht negativ auf Ihren Schlaf und Ihre Traumerinnerung auswirken. Es mag sein, dass Ihr innerer Regisseur Anleihen bei Ihrer Nachtlektüre nimmt, aber das geschieht nur, um Ihnen etwas anschaulich mitzuteilen und Sie dort abzuholen, womit Sie sich gerade beschäftigten.

Ausgesprochen gut wirken sich Entspannungsübungen auf die Traumerinnerung aus. Dabei ist es völlig egal, ob Sie mehr formale Techniken wie Autogenes Training (nach Johannes Heinrich Schultz, 1884–1970), progressive Muskelentspannung nach Jakobson (Edmund Jakobson, amerikanischer Physiologe, 1885–1976) oder Meditation praktizieren. Sie können sich auch einfach etwas fallen lassen und sich beispielsweise vorstellen, dass Sie mit jedem Atemzug beim Ausatmen all ihre Spannungen loslassen, um dann tiefe Entspannung einzuatmen. Je entspannter Sie einschlafen, desto leichter wird Ihnen am Morgen die Traumerinnerung fallen. Diese Entspannung meint der

Volksmund mit dem ruhigen Gewissen, welches einen sanft schlafen lässt. Nach sanftem Schlaf stellt sich die Traumerinnerung leichter ein als wenn Sie unruhig, das Bett zerwühlend, die Nacht verbringen.

Sie können Ihre Traumerinnerung ferner effektiv mit Affirmationen stärken. Eine Affirmation ist ein Satz, der in positiver Weise etwas ausdrückt, das geschehen soll, als ob es bereits geschehen ist. Sagen Sie sich zum Bespiel vor dem Einschlafen »Morgen früh werde ich mich leicht und mühelos an einen Traum erinnern«, steigern Sie damit die Wahrscheinlichkeit, dass Sie sich tatsächlich an einen Traum erinnern. Probieren Sie es aus.

Sie brauchen meine Affirmation dabei keineswegs wortwörtlich zu übernehmen. Bilden Sie sich nach diesem Modell Ihre eigene Affirmation. Persönliche Affirmationen wirken viel besser als übernommene.

Am besten wirkt solch eine Affirmation vor dem Einschlafen, wenn Sie sich diese leise oder im Stillen dreimal wortwörtlich vorsagen und sie dann loslassen. Denken Sie kurz an etwas anderes, lesen Sie noch einen Abschnitt und dann wird geschlafen.

Das Aufwachen

Nur im Bewusstsein was du findest, ist gefunden,
Wo sich ein Äußeres dem Inneren verbunden.
FRIEDRICH RÜCKERT

Es bringt Unglück, aus einem Traum plötzlich geweckt zu werden. Ursprungsgesellschaften nahmen an, dass dies zu einem Seelenverlust führen kann.

Was ist damit gemeint? Wenn wir nach dem Aufwachen unverzüglich etwas tun, aus dem Bett springen und zur Dusche laufen, wenn wir sogleich daran denken, welche Termine uns heute drohen oder sogleich mit den Nachrichten geweckt werden, dann wird sich die Traumerinnerung schnell verabschieden. Die Nachrichten Ihrer Seele werden Sie nicht erreichen und in diesem Sinn gehen Sie in der Tat Ihrer Seele verlustig.

Was tun? Bleiben Sie einfach nach dem Erwachen ein bis zwei Minuten im Bett liegen und bewegen Sie sich möglichst wenig. Also kein Recken und Strecken, das kann später geschehen. Wenn Sie so passiv da liegen, fragen Sie sich, was das erste Gefühl beim Aufwachen war und was der erste Gedanke. Normalerweise bringt Ihnen das die Erinnerung an zumindest einen Traum zurück. Haben Sie nun gerade einen besonders intellektuellen Tag, können Sie sich noch fragen, was der Gedanke vor dem ersten Gedanken und das Gefühl vor dem ersten Gefühl war. Das ist eine Spielerei, aber eine effektive – und zu viel Ernst stört ohnehin die Traumerinnerung.

Vor Jahren machte ich eine verrückte Entdeckung: Ich führte einen längeren Traumworkshop mit Führungskräften aus Großkonzernen durch. Solche Manager sind stets hochgradig motiviert und wollen blitzschnell alles lernen. Zu ihrem großen Ärger jedoch erinnerte sich keiner von ihnen selbst nach dreitägiger Anstrengung an einen Traum. Verzweiflung, Wut, die ersten wollten schon abreisen. Da wurde mir klar: Wer sich zu sehr anstrengt, sich an einen Traum zu erinnern, dem wird es niemals gelingen. Wenn man sich verbissen um die Traumerinnerung bemüht, entzieht sie sich. Sie lässt sich einfach nicht herbeizwingen. Es ist ein Gesetz der Arbeit mit seinen Träumen, dass man zwar zielgerichtet sein soll, aber diese Willensanstrengung zugleich wieder fallen lassen muss. Mit Zwang und Willen allein erreicht man in der Traumarbeit wenig. Die beste Grundhaltung zur Traumerinnerung scheint die lässige Einstellung zu sein, dass Sie sich zwar an Ihre Träume erinnern wollen, aber wenn es nicht klappt, ist das halb so schlimm. Wollen und Geschehenlassen halten sich im Idealfall die Waage.

Zurück zu den frustrierten Führungskräften: Ich wurde inzwischen nervös, aber in Gefahr und Not küsst einen oft die Muse. Ich riet der Gruppe, dass sich jeder einfach morgens einen Traum ausdenken solle, falls er sich abermals an keinen erinnerte. »Was macht es schon, ob Traum oder Geschichte, beide sind

Kinder der Fantasie«, erklärte ich und überraschte mich damit selbst.

Jeder aus der Gruppe versprach, es so noch einmal zu versuchen. »Der letzte Versuch!«, warnten sie mich. Und siehe da, in den nächsten Tagen erinnerte sich jeder mühelos an einen Traum. Mir fiel ein Stein vom Herzen. Seit dieser Zeit rate ich meinen Klienten oft so vorzugehen und beinahe immer bringt das Ausdenken eines Traums innerhalb der nächsten Tage echte Traumerinnerungen hervor.

Gift für die Traumerinnerung ist dagegen der Radiowecker, der einen mit den Nachrichten bruchlos vom Traum in die Weltpolitik katapultiert. Entweder schaffen Sie Ihren Radiowecker ab oder Sie stellen sicher, dass Sie durch möglichst sanfte Musik geweckt werden. Es wird vermutet, dass Elektrogeräte wie Radiowecker ein Feld erzeugen, das die Schlafrhythmen stört. Günstiger als ein Radiowecker ist ein batteriebetriebener Wecker mit einem Intervallton. Wenn Sie die Piepser nicht als Befehl zum Aufstehen werten, ist dies die traumfreundlichste Aufwachmethode mit einem Hilfsmittel. Am besten ist es jedoch, seine innere Uhr zu stellen und sich so selbst zu wecken. Das ist nicht schwierig, wenn man relativ feste Gewohnheiten hat. Wer jeden Tag zu einer ähnlichen Zeit ins Bett geht und zur gleichen Zeit aufstehen muss, für den ist das Wecken durch seine innere Uhr kein Problem. Zur Sicherheit kann er noch den Wecker stellen, aber es wird ihm nicht schwer fallen, vor dem Klingeln aufzuwachen. Für Menschen mit unregelmäßigem Lebensrhythmus ist diese Methode allerdings weniger geeignet.

Ferner kann man sich seine Träume leicht dadurch zurückholen, dass man sich langsam wieder in die Position im Bett dreht, in der man geschlafen hat. Jeder besitzt seine Lieblingsseite und Lieblingsposition im Bett. Dreht man sich nach dem Aufwachen wieder in diese Position, fliegt einem oftmals die Erinnerung an seine Träume zu.

Die meisten Menschen in unserer Kultur schlafen und träumen auf ihrer rechten Seite. Wer stark willensgeprägt ist, zieht es vor, auf dem Rücken zu schlafen (was das Schnarchen fördert). Wer schutzbedürftig ist, schläft und träumt auf dem Bauch liegend. Auf der linken Seite wird relativ selten geschlafen und schlecht geträumt, da man mit dieser Position seinen Herzraum einengt.

Am Tag

Der Tag ist das Fenster zur Nacht.
Die Nacht ist das Fenster zum Tag.
LISA BÜHLER

Je bewusster man lebt, desto leichter kann man sich an seine Träume erinnern. Die Bewusstheit im Traum scheint der am Tage zu entsprechen.

Selbst interessierte Laien nehmen häufig an, dass im Traum einzig und allein das Unbewusste herrscht. Das ist falsch. Wenn es so wäre, glich die Erinnerung an unsere Träume einem Wunder. Um uns an etwas zu erinnern, benötigen wir einen bestimmten Bewusstseinsgrad. Dieser ist in jedem Traum vorhanden. Stellen Sie sich Traum und Wachzustand mit allen dazwischen liegenden Bewusstseinszuständen wie Tagtraum, intuitive Eingebungen, Visionen und Fantasien als ein Kontinuum vor. Dieses Kontinuum besitzt zwei Pole: den nächtlichen Traum und den Wachzustand. Am Traum ist relativ wenig Bewusstsein beteiligt und viel Unbewusstes und im Wachzustand herrscht viel Bewusstsein und wenig Unbewusstes. Die anderen Bewusstseinzustände liegen dazwischen und grenzen sich ab durch die jeweiligen Anteile von Bewusstem und Unbewusstem.

An den Traum erinnern wir uns also durch diesen kleinen, aber wichtigen Bewusstseinsanteil, der in ihm stets anwesend ist. Wenn ich im alltäglichen Leben durch Aufmerksamkeitsübungen diesen Anteil stärke, kann er viel leichter Erinnerungen aus der Traumwelt in das Wachbewusstsein überführen. Ein gestärktes Bewusstsein wird dem Sog des Vergessens trotzen.

Bewusstseinsprobe

Eine einfache Bewusstseinsübung besteht darin, sich dreimal am Tag zu bestimmten Zeiten seiner aktuellen Situation bewusst zu werden. Fragen Sie sich zunächst, ob Sie träumen oder wach sind. Dann machen Sie sich klar, woran Sie denken, was Sie fühlen und wie sich Ihr Körper anfühlt. Dazu brauchen Sie vielleicht eine Minute und können dann Ihre Arbeit fortsetzen. Auf die Dauer werden Sie durch diese kleine Übung zunehmend bewusster, was sich gerade bei der Erinnerung Ihrer Träume zeigt.

Die Traumerinnerung wird ferner durch die Mittel der klassischen Homöopathie gestärkt, da sie Verdrängtes zu Tage fördern, was meistens neben der körperlichen Erstverschlechterung auch im Traum geschieht. Hierbei kommt es häufig zu angstbesetzten Träumen, die uns Energieblockaden verdeutlichen.

Bachblüten und die Kalifornische Blütentherapie scheinen die Traumerinnerung ebenfalls milde zu fördern, ebenso jede Art von Psychotherapie, speziell wenn es sich um regelmäßige Sitzungen über einen längeren Zeitraum handelt.

Alkohol in größeren Mengen wirkt sich nachteilig auf die Traumerinnerung aus, da er eher dumpf macht und die Kraft des Bewusstseins reduziert. In Maßen genossen, beeinflusst Alkohol die Traumerinnerung gering bis gar nicht. Bei Nikotin verhält es sich ebenso. Psychotrope Pflanzen dagegen löschen die Traumerinnerung meistens völlig aus, da sie den Traum ins Tagesbewusstsein einladen und den Willen und das Bewusstsein schwächen.

Ferner beeinflusst jede Art von lang anhaltendem Stress unsere Traumerinnerung negativ. Ist dieser nicht zu vermeiden, ist es besonders wichtig, vor dem Einschlafen Entspannungsübungen durchzuführen.

Das Traumtagebuch

Was ist Leben? Hohler Schaum,
Ein Gedicht, ein Schatten kaum.
Wenig kann das Glück uns geben:
Denn ein Traum ist alles Leben
Und die Träume selbst ein Traum.
CALDERÓN DE LA BARCA

Ich schilderte es bereits zu Anfang dieses Kapitels, wie Träume schnell vergessen werden. Dagegen hilft ein einfaches Mittel: dokumentieren Sie Ihre Träume. Legen Sie sich Stift und Papier ans Bett. Sobald Sie sich an einen Traum erinnern, notieren Sie ein paar Stichworte dazu. Allein das Ritual – Schreibzeug bereitzulegen – hilft der Traumerinnerung. Sie befinden sich damit in edelster Gesellschaft, der Chemiker Kekulé von Stradonitz (Entdecker des Benzolrings), Albert Einstein und Künstler wie fast alle Surrealisten sowie viele der romantischen Dichter gingen so vor.

Vermeiden Sie jedoch den üblichen Anfängerfehler, Ihre Träume ausführlich wie einen Roman niederzuschreiben. Ausführlichkeit ist bei der Dokumentation Ihrer Träume fehl am Platz. Sonst ergeht es Ihnen wie mir zu Beginn meiner Traumkarriere, dass Sie nämlich den Traum bereits während des Aufschreibens vergessen. Sie werden sich wundern, fünf Stichworte genügen oft, um einen Traum sogar im Detail zurückzuholen. Manchen Träumern liegt es auch, ihre Träume schnell zu skizzieren oder anderswie grafisch festzuhalten.

Den Systematikern unter Ihnen kann ich raten, ihre Träume direkt in Stichworten in eine Kladde zu schreiben. In diesem Traumtagebuch werden einzig Träume dokumentiert. Jeder Traum bekommt eine Überschrift und wird mit dem Datum des Tages versehen, welcher der Nacht folgte, in dem man dies träumte. Achten Sie darauf, dass Sie nicht die Dokumentation Ihres Traums und seine Deutung mischen. Puristen würden hier natürlich einwenden, dass die erste Deutung eines Traums bereits in seiner Dokumentation liegt.

Viele Träume weisen ein oder zwei zentrale Symbole auf. Sie können daher auch eine als Adressbuch eingerichtete Kladde benutzen, um die Träume gemäß ihrem Hauptsymbol alphabetisch zu ordnen. Das führt beispielsweise dazu, dass Sie leicht all Ihre Autoträume, Ihre Wasser- oder Flugträume finden und vergleichen können. So sieht man schnell und klar seine Entwicklung anhand der Trauminhalte und Symbolfelder.

Diese Art der Traumdokumentation ist freilich etwas altertümlich und nutzt keine modernen Hilfsmittel. Haben Sie schon einmal daran gedacht, Ihre Träume auf Band zu sprechen? Oder Sie können sie gleich nach dem Aufwachen per Spracherkennung in Ihren Computer eingeben. Für diejenigen Träumerinnen und Träumer, die nicht zu schreiben gewohnt sind, mag diese Art der Dokumentation einfacher sein als die schriftliche. Auf Band gesprochene Träume sind allerdings viel schwerer zu verwalten als konventionell niedergeschriebene oder gar im Computer gespeicherte Träume.

Ich selbst ziehe es vor, meine Träume im Computer zu verwalten, da ich ihn ohnehin täglich benutze und es zu schätzen weiß, dass ich via Suchfunktion mühelos ähnliche Träume und vergleichbare Traumthemen finden kann. Ich kann mir meine Träume eines bestimmten Lebensabschnitts einfach nebeneinander stellen und, wann immer mir etwas einfällt, Notizen und Anmerkungen zu jedem Traum einfügen. Dieser Vorteil, Träume schnell zum Beispiel aufgrund ihrer Symbolik oder ihres Handlungsmusters zu vergleichen, brachte mich dazu – zusammen mit dem Diplompsychologen Konrad Lenz – eine Traumsoftware zu entwickeln, die kinderleicht zu bedienen und mit einer Traumsymboldatenbank verbunden ist. Sie können sich über unsere Traumsoftware auf der Website *www.traumonline.de* informieren. Für mich bietet eine derartige digitale Dokumentation meiner Träume und der meiner Klienten eine Möglichkeit, mit geringem Aufwand mit den Träumen und ihrer Bedeutung zu spielen. Gestern träumte ich zum Beispiel von einem traurigen Kamel im Zoo. Natürlich war ich neugierig und schaute schnell nach, welche Tiere ich denn schon träumend in den Zoo verbannt hatte. Über die letzten zehn Jahre hatte sich beinahe der ganze Hagenbecksche Tierpark versammelt, aber vom Kamel hatte ich bis jetzt nur einmal geträumt und da war es frei. Es ist klar: Zurzeit schränke ich mich zu sehr ein mit Terminen und Verpflichtungen. In solchen Situationen erscheinen mir Tiere stets im Zoo gefangen, auf dass ich mir das Elend ansehe, dass ich mir selbst zufüge.

Solche Bedeutungsstrukturen, besonders wenn man seine Träume über lange Zeiträume hinweg betrachtet, sind nur mit dem Computer zu erfassen.

Da ich aber zu alt bin, um ein Computer-Freak zu sein, genehmige ich mir bisweilen eine altertümliche Form der Traumdokumentation: Ich erzähle ab und an einen Traum einer Freundin oder einem Freund. Erzählte Träume werden erstaunlich gut behalten, zwar nicht bis in alle Zeiten, aber doch hinreichend lang. Einen Traum zu erzählen, heißt sein Inneres zu veröffentlichen. Es setzt Vertrauen voraus. Aus diesem Grund würde ich nun nicht gerade jedem meine Träume berichten, nur damit ich sie besser behalte.

Die Traumerinnerung im Überblick

Trotz aller Bemühungen um die Traumerinnerung werden die meisten Träume vergessen. Das ist schade, aber ein Fakt. Auch Träume, an die Sie sich nicht erinnern können, wirken, jedoch geht diese Wirkung an Ihrem Bewusstsein vorbei. Sie können sie nicht für Ihr Alltagsleben nutzen, denn das setzt die Erinnerung voraus.

Ich möchte noch einmal kurz zusammenfassen, was unsere Traumerinnerung fördert.

Vor dem Einschlafen wird die Traumerinnerung unterstützt durch:

- Lesen vor dem Einschlafen
- eine Affirmation zur mühelosen Traumerinnerung
- Papier und Bleistift am Bett, um seine Träume dokumentieren zu können
- entspanntes Einschlafen

Nach dem Aufwachen wird die Traumerinnerung unterstützt durch:

- Wecken mit sanfter Musik
- Aktivierung des inneren Weckers
- ungestörtes Liegenbleiben für ein bis zwei Minuten
- erneutes Einnehmen der Schlafposition
- Ausdenken eines Traums

Am Tag können wir unsere Traumerinnerung folgendermaßen fördern:

- indem wir uns mit unseren Träumen und dem Phänomen des Traums beschäftigen
- indem wir bewusst leben

Wer nur einige dieser Punkte beherzigt, wird sich normalerweise mühelos und schnell an zumindest einen Traum täglich erinnern. Haben Sie keine zu großen Erwartungen an Ihre Träume. Sie sind oft nicht wie ein großer Film, sondern eher kurz und bruchstückhaft. Doch egal ob der Traum durch epische Länge besticht oder nur bruchstückhaft und kurz ist, immer kann er sinnvoll gedeutet werden.

Die regelmäßige Dokumentation Ihrer Träume und Fantasien stärkt als solche schon die Traumerinnerung. Je öfter Sie Ihre Träume aufschreiben oder auf andere Weise dokumentieren, an desto mehr Träume werden Sie sich erinnern. Nach fünf Jahren regelmäßiger Dokumentation meiner Träume kann ich mich an fast jeden Traum erinnern – das ist normal.

3

Die Symbolsprache – Erinnerungen an die Kindheit

Unser Denken bleibt gefangen
in den Käfigen unserer Irrtümer.
Peter Dempf

Der Traum spricht seine eigene Sprache. Es ist die Sprache der Symbole. Man kann sie als eine Fremdsprache ansehen. Aber haben Sie keine Angst, die Symbolsprache ist viel leichter zu erlernen als Englisch oder Französisch. Sie haben sie selbst bereits in Ihrer Kindheit beherrscht, als Bauklötzchen zu Autos, Häusern, Zügen und Bergen wurden, als Sie in den Blumen eine Fee sahen, den Baum im Garten unsichtbare Wesen belebten und der Schaum auf dem Badewasser zum Eis subarktischer Gewässer wurde. Und was konnte nicht alles aus dem bewegten Schatten einer flackernden Kerze entstehen? In der Kinderwelt kann alles beseelt und zum Bild für etwas anderes werden. Genauso verhält es sich mit der Traumwelt. Der Traum möchte uns wieder kindlich werden lassen. »Werdet wie die Kinder!«, heißt es in der Bergpredigt, da dann das Himmelreich erreicht wird. Dieses Himmelreich ist die Freiheit, die sich in der Dynamik der Symbole äußert, die Fenster zu anderen Wirklichkeiten und Möglichkeiten darstellen.

Was ist nun das Besondere eines Symbols? Ein Symbol lässt sich niemals nur rational erfassen. Es besitzt stets eine emotionale Dimension. Symbole berühren unsere Seele. Sie sprechen unsere Gefühle an. Daraus folgt für die Traumdeutung, dass immer auch unser Gefühl einzubeziehen ist.

Da träumt eine Frau romantisch von roten Rosen. Ein Symbol der Liebe – ohne Zweifel! Diese Deutung hilft der Träumerin wenig, wahrscheinlich wusste sie das bereits selbst. Daher: Was hat die Träumerin konkret gefühlt, als sie diese roten Rosen sah? Sie erinnerten sie an den Valentinstag vor vielen Jahren, als ihr Freund sie schmählich vergaß und sie so gern rote Rosen geschickt bekommen hätte wie ihre Nachbarin. Rote Rosen erzeugen bei der Träumerin seit dieser Zeit ein schlechtes Gefühl. Zorn steigt auf. Rote Rosen wurden bei dieser Träumerin zu einem Symbol der verratenen Liebe. »Sie verstecken ihre verletzenden Stacheln hinter schönen Blättern« assoziiert sie.

Bei der Symbolsprache des Traums überlagern sich also eine allgemeine und eine individuelle Bedeutung. Rosen sind allgemein ein Symbol der Liebe, aber in diesem Fall handelt es sich um enttäuschte Liebe. Neben dem persönlichen Gefühl werden die Einzelheiten des Symbols betrachtet, um die individuelle, die treffende Deutung zu finden. In diesem Traum sind die Rosen schon etwas verwelkt. Man sieht ihnen an, dass sie nicht mehr ganz frisch sind und dringend Wasser benötigen. Das Bild zeigt es deutlich, die Liebe ist gealtert, nicht mehr lebendig und taufrisch, sondern sie ist schlaff geworden. Da lässt man schon leicht den Kopf hängen. Die Rosen benötigen Wasser, das ein verbreitetes Symbol für Gefühle ist. Wasser ist fließend, formlos und kann tief wie unsere Gefühle sein. Diese Gefühle fehlen dem Liebessymbol und so werden diese speziellen Traumrosen zum Zeichen einer absterbenden Liebe, die einstmals rot wie das dralle Leben war.

Um ein Traumsymbol zu deuten, machen Sie sich also zunächst einmal Ihre Gefühle bewusst. Welche Gefühle steigen bei diesem Symbol hoch? Woran erinnert es Sie? Oftmals hilft es, sich zu fragen, warum Sie gerade jetzt von diesem Symbol geträumt haben. Im nächsten Schritt schauen Sie sich dann das Symbol im Detail an. Wichtig ist darauf zu achten, wie und wo die Präsentation des Symbols von Ihrem Erwartungshorizont abweicht. Sie freuen sich auf frische Rosen und bekommen verwelkte, sie träumen vom Bus und der kann plötzlich fliegen oder seine Reifen sind platt. Schauen Sie also bei einem Symbol stets auf das Detail. Es macht symbolisch einen Unterschied, ob man von einem massiven Holztisch oder einem eleganten Glastisch träumt.

Wichtig ist zu akzeptieren, dass viele Symbole komplex und deswegen nur schwer vollständig zu verstehen sind. Ein vollständiges Verstehen ist auch gar nicht nötig, um den Traum für sich nutzen zu können. Erkennen Sie an, dass jedem Symbol etwas Unerklärliches zu eigen ist, über das Sie nicht klügeln sollten. Traumarbeit sollte mit einer demütigen Haltung geschehen, die darum weiß, dass jeder Traum ein Geheimnis birgt, das man womöglich nie versteht. Symbole sind geheimnisvoll. Das gehört zu ihrem Wesen und deswegen können sie solch eine mächtige Wirkung auf unsere Psyche ausüben. Sie berühren uns tief. Denken Sie nur an das Hakenkreuz und all die christlichen Kreuze, an den Totenkopf in der Seeräuberfahne und auf Flaschen voller Gift oder an das beliebte vierblättrige Kleeblatt.

Die Vieldeutigkeit eines Symbols

Das Unverständliche, laß nur mit drein es gehn,
Sonst wirst du selbst nicht das Verständliche verstehn.
Friedrich Rückert

Jedes Symbol kann vieles bedeuten. Es bildet ein Bedeutungsfeld. Schauen wir uns zum Beispiel das häufige Traumsymbol des Autos an. Das Auto steht für Mobilität und Beweglichkeit. Mit ihm kommen Sie von einem Ort zum anderen. Dies geschieht weniger aus eigener Kraft, sondern Sie vertrauen auf die Technik. Die mit diesem Symbol angesprochene Fortbewegung stellt die Frage, wie Sie sich in Ihrem Leben bewegen und verändern. Aber dies ist nur ein Aspekt des Autos im Traum. Es steht zugleich für die Abkapselung von der Umwelt. Sie sind durch Metall und Glas von der Außenwelt getrennt. Das drückt Distanz aus. Deswegen träumen häufig scheue Menschen vom Auto, da sie Probleme haben, sich auf einen unmittelbaren Kontakt mit ihrer Umwelt einzulassen. Diese Distanz kann sogar als zerstörerisch betrachtet werden, wenn wir an die Umweltbelastung durch den Individualverkehr denken.

Zugleich ist das Auto ein bekanntes Imagesymbol, was die Werbung direkt und indirekt betont. Es ist der Ausdruck Ihrer Persönlichkeit und Ihres Lebensstils. So können Sie sich in Ihrem Traumauto selbst erkennen. Die Sehnsucht nach innerem und äußerem Reichtum zeigt sich in der »edlen Karosse«, der Gestresste träumt vom Sportwagen, der bekanntlich unter anderem ein Potenzsymbol ist. Der Praktische träumt vom Kombi und der Genaue von einem frisch gewaschenen Auto. Ein altes, verbeultes Auto weist entweder auf eine unkonventionelle Haltung hin oder darauf, dass man sich selbst alt und müde fühlt.

Wie Sie sehen, zieht das Traumsymbol Auto wie alle Symbole viele Bedeutungen an. Es schafft ein Feld der Bedeutungen, dessen einer Pol die positive Aussage ist. Sie können sich leicht und mühelos auf Ihrem Lebensweg fortbewegen, indem Sie die technischen Möglichkeiten ausnutzen. Der Gegensatz dazu ist aber genauso richtig: Sie nutzen für die Fortbewegung ein Hilfsmittel, eine Krücke sozusagen und bewegen sich nicht aus eigener Kraft. Mit dem Auto kapseln Sie sich von der Umwelt ab, das mag als Rückzug und Schüchternheit zu deuten sein, es kann aber auch auf Individualität verweisen. Positives und Negatives ist in jedem Symbol zu sehen und nun kommt der Clou: Zumeist trifft beides zu. Traumsymbole folgen nämlich nicht der männlichen Entweder-oder-Logik. Sie sprechen die Sprache der weiblichen Sowohl-als-auch-Logik. Psychologisch gesehen bildet ein Symbol ein Feld, dessen Pole das positive Potenzial und der Schatten bilden. Das bedeutet, dass Sie bei jedem Traumsymbol nach dem schauen sollten, was Ihre Möglichkeiten bezeichnet sowie nach dem, was Ihre Schwierigkeiten aufzeigt, vor denen Sie am liebsten die Augen verschließen.

Warum sind Symbole so komplex? Das kommt daher, dass unsere Psyche und das Leben derart komplex sind. In der heutigen Medienkultur, die alles extrem vereinfacht, vergessen wir diese Komplexität oft. Sich an sie zu erinnern und sich auf die Symbole einzulassen, heilt. Jedes Traumsymbol hilft uns, wieder in die Ganzheit zu kommen und unsere Mitte zu finden.

Alles bist du

Allen gehört, was Du denkst,
Dein Eigen ist nur, was Du fühlst.
FRIEDRICH SCHILLER

Jedes Symbol im Traum bezeichnet einen Teil von Ihnen. Zumindest ist das der produktivste Ansatz, wenn wir unsere Träume selbst deuten wollen. Wenn Sie also von Ihrem neuen Auto oder Ihrer winkligen Wohnung träumen, dann symbolisiert dieses Auto oder diese Wohnung Ihren Charakter. Das liegt daran, dass Traumsymbole in bildhafter Weise Energieverhältnisse in Ihnen verdeutlichen. Sie sagen nicht »Du bist ein Angeber, weil dein Selbstbewusstsein schwach ist«, sondern lassen Sie in einem offenen Porsche langsam die Hauptstrasse auf und ab fahren, damit jeder Sie bewundern kann. Der Neid auf den Gesichtern ist Ihnen ein Genuss.

Beziehen Sie also jedes Symbol auf sich. Bei der Symbolbetrachtung dürfen Sie rückhaltlos egozentrisch sein. Sie sind der offene Porsche und zugleich der Neid. Dieser Wahrheit können Sie mutig ins Auge blicken. Sie verstehen, dass Sie die Kraft des Porsches besitzen und zugleich boykottieren Sie diese Stärke durch Ihren Neid. Der Neid schafft ein Energieloch, das alle diejenigen empfinden, die finden, dass sie zu kurz gekommen sind.

In der Symbolisierung liegt häufig viel Witz und Ironie. Wer sich mit seinen Traumsymbolen beschäftigt, bekommt nicht oberlehrerhaft mit phallischem Ernst seine Wahrheit präsentiert, sondern sie wird ihm augenzwinkernd und bisweilen äußerst komisch vorgestellt. Die Frau, die sich selbst durch ihr abgehobenes Streben nach Reinheit im Weg steht, träumt sich als schneeweiße Waschmaschine, die beim Schleudergang abhebt. Der Mann, der sich einseitig über seine Attraktivität identifiziert und sich diese wieder und wieder beweisen muss, träumt vom großen Bagger, der ihn als den beschreibt, der alle »anbaggert«. Wer bei der Traumsymbolbetrachtung nicht über sich lacht, der hat etwas übersehen.

Mich hat ein Beispiel aus der griechischen Mythologie amüsiert. Mythen und Märchen setzen die Symbolik genauso wie im Traum ein. Deswegen nannte Carl Gustav Jung Mythen und Märchen die Träume der Völker. Bei der von Homer geschilderten Irrfahrt des Odysseus gibt es eine Episode, in der Odysseus mit seinen Männern zur Insel der Zauberin Circe gelangt. Circe besitzt die Fähigkeit, Männer in Schweine zu verwandeln. Letztlich wird hier ausgedrückt, was sich jeder Mann wünscht, dass nämlich eine Frau seine tierische Seite herauskitzelt, so dass er all seine kulturellen Konventionen ablegen und »schweinisch« werden kann. Träumen Mann oder Frau vom Schwein, dann haben sie mit ihrer triebhaften Seite Kontakt und erleben die Freiheit, die gesellschaftlichen Normen hinter sich zu lassen. Solche Träume suchen oft intellektuell ausgerichtete Menschen heim, die sich in witziger Weise plötzlich als »Schweinchen Schlau« erleben.

Sehen Sie jedes Traumsymbol als einen Spiegel Ihrer selbst und amüsieren Sie sich darüber, was da alles in Ihnen lebt und zum Ausdruck drängt. Traumdeutung wird so zu einer unterhaltsamen Selbsterkenntnis. Es war traditionell die Weisheit der Narren, die Erkenntnis brachte und der Traum hat stets närrische Züge. Er ist dem Witz verwandt, indem er unerwartete Verbindungen schafft. Wer seine Träume mit starrem Ernst betrachtet, dem bleibt deren Tiefe verborgen.

Traumpersonen – die inneren Ichs

Es gibt Menschen, die ihre Persönlichkeit aufgeben,
damit ihre Person zur Geltung kommt.
FRIEDL BEUTELROCK

In beinahe all Ihren Träumen treffen Sie diesen oder jenen Menschen. Manchmal wimmelt es von Traumpersonen, manchmal sehen Sie nur wenige. Die Traumpersonen sind die Schauspieler des inneren Dramas. Man könnte sagen: Sie personifizieren die inneren Kräfte oder die inneren Ichs in Ihnen. In jedem von uns leben viele Ichs mit einem eigenen Charakter und eigenem Willen. Wenn Sie vor einer schwierigen Entscheidung stehen, dann können Sie das besonders deutlich erleben. Da gibt es eine Gruppe von Ichs, die risikobereit ist und von Veränderungen schwärmt. Eine andere Gruppe dagegen ist vorsichtig und hat Angst vor Veränderung. Zu allem Überfluss gibt es oftmals noch Ichs, die sich kindlich der Entscheidung entziehen möchten. Sie lassen Sie davon träumen, dass Sie sich ins Bett legen und sich die Decke über den Kopf ziehen. In jedem von uns gibt es also viele Ichs, die wir oft nicht kennen oder die wir verleugnen. Diese Ichs sprechen im Traum zu uns und teilen uns mit, wie sie uns sehen und welche Anteile in uns brachliegen.

Traumpersonen haben also immer mit Ihnen zu tun. Sie sind ein meist vernachlässigter Teil von Ihnen, der beachtet werden möchte. Wenn Sie von Ihrem schrulligen Nachbarn Fritz träumen, dann symbolisiert dieser das »Fritzhafte« in Ihnen. Das heißt, dass bestimmte Eigenschaften von Fritz in Ihnen leben. Wie schrullig sind Sie denn? Versuchen Sie einfach, die drei wesentlichen Eigenschaften von Fritz zu benennen und dann beziehen Sie diese auf sich. Geht Ihnen ein Licht auf? Wahrscheinlich handelt es sich um Eigenschaften, die Sie entweder zu einseitig leben oder die Sie gar nicht oder nur selten zeigen.

Da träumt eine Frau von ihrem früheren Mann, der sich mit Ellenbogen bis an die Spitze einer großen Firma gekämpft hat – ein so genannter Selfmademan, der dynamisch und selbstbewusst sein Leben in die Hand nahm. Die Träumerin hat dieses Verhalten als egoistisch und unsensibel abgelehnt, was zur Trennung von diesem Mann führte. Sie sah sich stets als die Gute, welche die Scherben des Porzellans wegräumte, das ihr Mann zerschlug. Als sie mit diesem Traum konfrontiert wurde, beging sie den klassischen Anfängerfehler eines jeden Deutenden: Sie bezog den Traum ganz unsymbolisch auf ihren gehassten Exmann. Das führte zwar zu Schimpftiraden, entfernte sie aber von ihrer Selbsterkenntnis.

Als ich sie darauf aufmerksam machte, dass der Traum symbolisch das ausdrückt, was sich in ihr regt, wollte sie es erst gar nicht glauben. »So ein Schwein lebt doch nicht in mir!«, war ihre empörte Antwort und fast hätte sie die Sitzung abgebrochen. Aber natürlich lebt dieses Ellenbogen-Ich auch in ihr, sonst hätte sie nicht davon geträumt. Es zeigte sich ihr, um angenommen zu werden. Nach der Trennung war das möglich, da nun nicht mehr alles Böse auf den Mann geschoben werden konnte. Der war ja fort. Jetzt wurde die Träumerin mit sich selbst konfrontiert und welch eine Überraschung: Da lebt dieser Mann in ihr, kleingehalten freilich, da er nicht in das geschönte Selbstbild vom »guten Engel« passt. Aber dieses Selbstbild ist eine Falle, die erstarren lässt und einen von spirituellen Erfahrungen abschneidet, denn Spiritualität ist der Ausdruck aller Möglichkeiten. Sie ist Freiheit und Weite. Wenn unsere Träumerin dieses Ellenbogenmonster in sich akzeptieren kann, dann wird sie es einsetzen oder beschränken können, je nach Situation, in der sie sich befindet.

Traumpersonen versuchen stets, unser Selbstbild zu korrigieren und unsere Wahlmöglichkeiten zu erweitern. Sie machen uns auf unsere Einseitigkeiten aufmerksam und fordern uns oft heraus, mehr zu wagen. Um dem nachzuspüren, versetzen Sie sich einmal in die Lage eines Ihrer missachteten Ichs, das sich im Traum zu Wort meldet. Sehen Sie sich selbst aus der Perspektive dieses Ichs. Damit verändern Sie den Blickwinkel, aus dem Sie sich und ihre Umwelt betrachten – Sie erweitern Ihre Sicht der Welt.

Männer und Frauen

Jeder Mann drückt im Traum zunächst einmal Ihre männliche Seite aus, die C. G. und Emma Jung (Ehefrau des großen Psychoanalytikers, die selbst als Verfasserin tiefenpsychologischer Untersuchungen hervortrat, 1882–1955) als *Animus* bezeichneten. Er erinnert die Träumerin und den Träumer an ihre Durchsetzungskraft sowie daran, zielgerichtet zu handeln. Wir sahen das zuvor bei Fritz, der ein klassisches Symbol der sich durchsetzenden Männlichkeit darstellt. Mit dem Männlichen wird das Chaotische gezähmt, der Strom der Gefühle auf ein Ziel hin ausgerichtet. Das Männliche sagt: »Dort will ich hin!«

Mit jeder Frau im Traum möchte das Weibliche in Ihr Leben treten, die *Anima* berührt Sie. Das Weibliche möchte Erstarrungen auflösen und Sie zum verströmenden Gefühl verführen. Und Traumverführungen erliegt der Kluge, denn sie bringen Lebenskraft.

Speziell wenn in Ihren Träumen nur Männer oder nur Frauen auftreten, will die männliche oder weibliche Qualität sich Ihnen aufdrängen. Das tut sie nur, wenn Sie diese über längere Zeit missachtet haben.

Sie erinnern sich, der Traum möchte Sie unbedingt in die Ganzheit bringen. Die Grundlage der Ganzheit im menschlichen Leben besteht in der Verbindung Ihrer männlichen und weiblichen Seite. Das klassische Symbol dieser Verbindung stellt die Hochzeit oder die sexuelle Vereinigung dar. Wer eindimensional nur Mann oder nur Frau ist, dessen Leben gestaltet sich schwierig – und das wollen Sie doch nicht.

Kinder

Bei Kindern liegt es auf der Hand: Wenn Sie keinen Kinderwunsch haben, sprechen sie das innere Kind in Ihnen an. Wer zu erwachsen durch das Leben schreitet, dessen Träume werden ihn über kurz oder lang mit einem Kindergarten beglücken. Kinder sagen: »Lebe leicht!«

Im Jungen drückt sich häufig die spielerische, aktiv männliche Seite des Träumers aus, im Mädchen seine spielerische, passiv weibliche Seite. Babys machen Sie auf etwas Neues aufmerksam, das viel Zuwendung benötigt, um zu wachsen.

In seltenen Fällen können Kinder Ihre Kindlichkeit personifizieren. Sie sind dann ein Aufruf dazu, erwachsener und verantwortungsvoller zu handeln.

Verwandte

Häufig treffen Sie Verwandte im Traum. Da kommen Bruder, Schwester, Eltern oder die Oma daher. Verwandte deuten meistens auf das hin, was uns nahe ist. Sie symbolisieren Verhaltensweisen, die nicht völlig verdrängt und leicht wieder zu aktivieren sind.

Geschwister personifizieren häufig unser *Alter Ego*, das andere Ich, das wir erahnen, aber nur selten ausdrücken. Unterhalten Sie sich im Traum mit Ihren Großeltern, dann spricht oft eine höhere Weisheit in Ihnen. Sie gibt Ihnen Tipps, wie Sie Ihr Leben besser gestalten können. Übrigens könnten Sie jeden Traum wie Ihren Großvater oder Ihre Großmutter sehen, die Sie in liebevoller Weise mit Weisheiten inspirieren.

Wer von seinen Eltern träumt, wird oft dazu ermuntert, sich selbst ein guter Vater oder eine gute Mutter zu sein.

Verstorbene

Durch Verstorbene im Traum spricht fast immer etwas Göttliches oder wir könnten es auch unser Höheres Selbst nennen. Sie haben ihr Leben gelebt und sprechen aus der Anderswelt zu uns, in der sie ein tieferes Wissen erlangt haben, als es den Lebenden möglich ist.

Verstorbene können ferner darauf hinweisen, dass deren Eigenschaften bei Ihnen abzusterben drohen. In diesem Fall sollten Sie sich darum bemühen, diesen Eigenschaften in Ihrem Leben wieder mehr Platz einzuräumen.

Nicht zuletzt machen uns Verstorbene im Traum auf unsere Endlichkeit aufmerksam. Sie sind häufig ein Hinweis darauf, dass wir uns wichtig nehmen. Wir sind Sterbliche und nehmen uns viel zu wichtig, wenn wir annehmen, selbst später in irgendwelchen höheren Sphären weiterzuleben.

Unbekannte

Da tritt eine unbekannte, meist auch gesichtslose Person in Ihrem Traum auf. Wer ist denn das? Der Unbekannte verkörpert – nahe liegend – das Unbekannte in Ihnen und das macht Ihnen Angst. Was wir nicht kennen, macht uns immer Angst. Der oder die Unbekannte personifiziert also das, was uns ängstigt. Aber wenn man sich den Ängsten aussetzt, dann verschwinden sie meist. Insofern seien Sie froh, dass sich das Unbekannte zeigt. Schauen Sie es sich genau an. Sie werden bemerken, dass die meisten Ihrer Ängste unberechtigt sind.

Auf der anderen Seite regt der Unbekannte unsere Lust an, Geheimnisse zu ergründen. Und das größte Geheimnis sind wir uns selbst. Der Unbekannte verführt Sie also, mit detektivischem Ehrgeiz das zu verstehen, was Sie nicht einordnen können.

Ich habe bewusst von *dem* Unbekannten gesprochen. Er tritt im Traum meistens als Mann auf, besonders dann, wenn er bedrohlich ist. *Die* Unbekannte dagegen tritt viel seltener auf und ist die klassische Verführerin im männlichen Wunschtraum. Aber haben Sie Acht, diese verführerische Seite werden Sie erst dann im Außen erleben, wenn Sie sie in sich selbst entdeckt haben. Die klassische, traumhafte Unbekannte, die Inkarnation des Rätsels, ist die schwarze Frau, jene »dark lady« aus den Sonetten William Shakespeares (englischer Dichter, 1564–1616), um die sich seit vier Jahrhunderten die Gelehrten Gedanken machen.

Tiere – die Triebe und Instinkte

Tiere sind schon darum merkwürdiger als wir,
weil sie ebensoviel erlebt haben,
es aber nicht sagen können.
Ein sprechendes Tier wäre nicht mehr als ein Mensch.
ELIAS CANETTI

Jeder Mensch träumt irgendwann einmal von Tieren. Wer noch nie von Tieren geträumt hat, der darf nächstes Wochenende den Zoo besuchen, um sich vom Tierischen inspirieren zu lassen. Das ist allerdings im Zoo gar nicht mehr so tierisch, wie es sein sollte. Befinden Sie sich im Traum im Zoo, dann haben Sie Ihre triebhafte Seite in erschreckendem Maße eingeschränkt. Das ruft nach Tierbefreiung.

Das Tier im Traum wird also mit unserer triebhaften Seite verbunden. Mit dieser pflegt man in unserer Gesellschaft auf Kriegsfuß zu stehen. Wir wollen alles kultivieren, die Natur möglichst nutzen und ausbeuten und so wird das Tierische zum Feind erklärt. Es wird domestiziert, exzessiv gejagt, so dass Arten aussterben oder es wird im Zoo eingesperrt und in seinem Ausdruck begrenzt. Zur letzten ökologischen Nische für die wilden Tiere werden zunehmend unsere Träume. So gehört es zur inneren Ökologie, diese Räume zu schützen. Wird das Tier hier ebenfalls niedergemacht, dann leiden Ihre Lebensenergie und Ihre Kreativität. Sie selbst sind das Tier und erkennen im Traumtier Ihren Ursprung, Ihre Wildheit und Lebenskraft.

Die Bedeutung der Tiere finden Sie unterhaltsam in den Fabeln der Weltliteratur geschildert: von Äsop (6. Jahrhundert v.u.Z.) über Jean de La Fontaine (1621–1695) bis hin zu Friedrich von Hagedorn (1708–1754), Christian Fürchtegott Gellert

(1715–1769), Gotthold Ephraim Lessing (1729–1781) und Goethe (1749–1832). Da treten der listige Fuchs auf, das dumme Huhn und die eitle Nachtigall. Wenn Sie Ihre Tierträume betrachten, werden Sie bemerken, dass in Ihnen solch ein Fabeldichter tätig ist, der Ihnen am Tier Ihre persönlichen Eigenschaften verdeutlichen möchte. Die moderne Weiterentwicklung der Tierfabel ist der Comic, in dem Tiere menschliches Verhalten zeigen, wie die Familie Maus, deren Lebensgeschichte von Walt Disney witzig gestaltet wurde.

Wilde Tiere

Säbelzahntiger, Hai, Wolf, Tiger, Panther und Leopard, Wildschwein oder Falke sind Ausdruck Ihrer Verbundenheit mit dem Wilden, das Ihnen Kraft gibt. Es erinnert Sie an Ihren Ursprung, von dem Sie sich nur allzu weit entfernt haben.

Tiere des Wassers wie der weiße Wal in *Moby Dick* (Abenteuerroman von Herman Melville, 1819–1891) und der berüchtigte weiße Hai sprechen Ihre emotionalen Freiheiten an. Tiere der Erde wie der Wolf im »Rotkäppchen« fragen Sie, wie Sie sich im Alltagsleben durchsetzen. Ihre Erdung ist angesprochen. Tiere der Luft wie der gewaltige Vogel Ruch aus den Geschichten aus Tausendundeiner Nacht sprechen in besonderer Weise die Freiheit des Geistes an. Und in der Mythologie treffen wir dann noch auf den Phönix, das Fabeltier des Feuers, das ein Symbol der Selbsterneuerung durch Selbstauflösung ist.

Wenn Sie von wilden Tieren träumen, seien Sie froh: Das »volle Menschsein« meldet sich. Jetzt haben Sie die Chance, sich zu befreien.

Ihre Angst vor den wilden Tieren im Traum spiegelt Ihre Angst vor Ihrer triebhaften Seite wider. Aber warum fürchten Sie sich vor ihr? Darüber wird Ihnen sicher Ihr wilder Tiertraum Auskunft geben.

Haustiere

Haustiere stellen eine abgemilderte Erscheinung des Tierischen und Wilden dar. Mit ihnen wird meistens auf Ihre Domestizierung hingewiesen. Dem Haustier entspricht der brave Junge und das gute Mädchen, aber mit dieser Haltung kommt man im Leben nicht weit. Wer nur nützlich ist und nicht wild, der lebt auf Sparflamme. Träumen Sie also vom Schoßhündchen, dann stellen Sie sich nach dem Erwachen vor, wie Sie als große Zauberin das Hündchen in einen reißenden Wolf verwandeln. Lesen Sie einmal *Wolfsblut* von Jack London (1876–1916), um zu sehen, welch ein Potenzial im Hund steckt. Das Schnurrkätzchen lassen Sie zum Tiger werden, den Kanarienvogel zum Habicht.

Haustiere symbolisieren meistens Unfreiheit und verweisen nicht selten auf eine biedere Einstellung. Wenn Sie von einem Haustier träumen, dann ist es an der Zeit, sich Ihrer Wildheit zu besinnen.

Gegenstände – die Entfremdung

Mit der Verwertung der Sachenwelt
nimmt die Entwertung der Menschenwelt
in direktem Verhältnis zu.
Karl Marx

Dass Ihre Ichs sich menschlich oder tierisch präsentieren können, das mag Ihnen noch einleuchten, aber dass Sie ein Auto, ein Haus, ein Berg oder eine Glühbirne sein können, das geht doch zu weit. Freilich nicht in der Welt des Traums, die ein Universum der unbegrenzten Möglichkeiten ist. Wie im Traum physikalische Gesetze nicht gelten, so können Sie zum Gegenstand werden. Das allein ist schon deutungswürdig.

Zu allen Anteilen von sich, die Sie im Traum als Gegenstand

sehen, besitzen Sie ein entfremdetes Verhältnis. Sie versachlichen diese Seiten von sich und berauben Sie sich damit Ihrer Lebendigkeit. Ihre Schnelligkeit kann sich als Panther darstellen oder als Sportwagen. Der Sportwagen besitzt im Gegensatz zum Panther keine Seele, keine Lebenskraft, nicht jenen *elan vital*, den Henri Bergson (französischer Philosoph und Literaturnobelpreisträger, 1859–1941) so lobte. Aus spiritueller Sicht besteht Ihre Aufgabe darin, das Unbeseelte wieder zu beseelen.

Das schnelle Auto kann auf den seelenlosen Stress verweisen. Es mag Ihnen zeigen, dass Sie sich als ein Objekt betrachten und versuchen gut zu funktionieren. Hier sehen Sie sich selbst als Maschinenmenschen, dem das »Menschlich-Allzumenschliche« abhanden gekommen ist. Der Panther dagegen lebt seine Natur. Er ist mit sich selbst im Reinen und nach dem Stress der Jagd folgt die heilsame Ruhephase.

Ein mit Gegenständen angefüllter Traum zeigt der Träumerin und dem Träumer, dass sie sich im Haben-Modus (nach Erich Fromm, 1900–1980: man will haben, statt zu sein) unselig verwickelt haben. Damit wurde das Sein abgetrieben. Jetzt ist es an der Zeit, sich wieder seiner Gefühle zu besinnen. Wer sich selbst als Objekt behandelt, der wird sich im Traum als Objekt, also als Gegenstand erleben. Dieses Erlebnis stellt eine eindringliche Warnung dar: Wenn man seine Einstellung nicht ändert, wird man wie ein Gegenstand erstarren und zerfallen.

Ich erwähnte zuvor die Frau, die sich als Waschmaschine träumte. Sie wollte sich nach dem Bild von Mutter Teresa zur Ikone der Reinheit stilisieren. Sie hatte den Kontakt mit sich verloren und versuchte einem Bild nachzukommen, das sie nicht war. Das ist typisch für den Objektbezug zu sich selbst: Man möchte eine äußere Norm erfüllen, wird zum Markenzeichen von irgendetwas und kommt sich dabei selbst abhanden. Man entkleidet sich der Menschlichkeit. Wer sich mit seiner Rolle im Berufs- und Alltagsleben zu sehr identifiziert, dem geschieht solches. Er wird wie Michael Jackson zur synthetischen Person, zum Gegenstand.

Aber keine Angst! Wenn der Traum auf dieses Verhalten aufmerksam macht, dann hat man eine Chance, sich zu verändern. Träume zeigen stets positive Auswege aus Sackgassen auf. Träume sind gnädig.

Farben – die Betonung eines Symbols

Meine Lieblingsfarbe ist bunt.
Walter Gropius

»Am farbigen Abglanz haben wir das Leben« ruft Faust aus, als er auf einer Wiese erwacht und einen Regenbogen sieht. Farben sind Symbole, die in all ihren Nuancen und Schattierungen unsere Gefühle und Befindlichkeiten ausdrücken. Bei depressiver Verstimmung werden Sie sich wahrscheinlich nicht von einem leuchtenden Gelb angezogen fühlen. Euphorische Gefühle werden sich nicht gerade in Dunkelblau kleiden.

Wir träumen häufiger in Farbe, als wir vermuten. Dass wir uns meistens nur schwarz-weiß an sie erinnern, liegt an einer Schwäche unserer Erinnerung. Wir haben einfach die Farben der Gegenstände im Traum vergessen. Es tritt jedoch ein signifikanter Unterschied zwischen Frauen und Männern in Bezug auf ihre Einstellung zur Farbe auf: Frauen können sich häufiger an farbige Träume erinnern als Männer. Das liegt wohl daran, dass im weiblichen Leben die Farbe eine wichtigere Rolle spielt. Frauen können zum Beispiel etwa doppelt so viel Farbnuancen unterscheiden wie Männer.

Im Traum heben Farben stets ein Symbol hervor und geben ihm eine zusätzliche Bedeutung. Ein rotes Auto drückt etwas anderes aus als ein blaues Auto.

Wie können wir nun konkret die Farben im Traum deuten? Kommen wir zurück zu Goethe, der sich in seiner Farbenlehre unter anderem mit der »sinnlich-sittlichen Wirkung« der Farben eingehend beschäftigte. Heute würden wir diese kurz und knapp »Farbpsychologie« nennen. Goethe drückte kurz vor seinem Tod aus, dass er seine Farbenlehre für sein wichtigstes Werk hielt, das ihm besonders am Herzen liege. Was er dort über die Symbolik der Farben herausfand, gilt noch heute und ist als der beste Hinweis zur Farbdeutung auch im Traum anzusehen.

In dieser ersten systematischen Ausführung über Farbpsychologie und Farbwirkung geht der große deutsche Dichter von der Polarität der Farben Gelb und Blau aus. Gelb nennt er den farbigen Stellvertreter des Lichts. Blau bezeichnet er als den farbigen Stellvertreter der Finsternis. Gelb als Stellvertreter des Lichts strahlt wie dieses aus und symbolisiert die Kommunikation. Deswegen hat die Post als ihre Farbe Gelb gewählt. Nachrichtenkabel sind in aller Welt gelb. Genauso verhält es sich im Traum: Bei allen als gelb im Gedächtnis behaltenen Gegenständen wird auf deren Ausstrahlung und Kommunikationscharakter verwiesen. Gelb ist somit auch die Symbolfarbe des Geistes, der die Menschen verbindet und ihnen etwas mitteilt.

Ein blauer Traumgegenstand weicht vom Auge des Betrachters zurück. Blau zieht in die Tiefe und wurde von den Romantikern wie Novalis (Freiherr Georg Philipp Friedrich von Hardenberg, 1772–1801) mit der Sehnsucht verbunden. Von seinem Romanfragment »Heinrich von Ofterdingen«, das mit einer Fülle von Blautönen beginnt, stammt der Ausdruck »die blaue Blume der Romantik«. Blau symbolisiert so im Traum unsere Seele und unsere Gefühle. Es kann Ausdruck einer depressiven Verstimmung sein. Deswegen sagt man im Englischen »I feel blue« (ich fühle mich niedergeschlagen) und spricht nicht gerade begeistert vom blauen Montag.

Als dritte Farbe bleibt noch Rot. Rot ist das Symbol des Lebens und der Lebendigkeit, des Körpers, der Liebe und der Leidenschaften. Das ist darauf zurückzuführen, dass Rot die Farbe des Bluts und somit des »besonderen Lebenssafts« ist. Erinnern wir uns an einen Traumgegenstand in Rot, wird damit meistens angesprochen, dass er mehr Leben braucht, dass Aktivität gefordert ist.

Zu diesen drei Primärfarben – jene Farben, die man sich (als Oberflächenfarben) nicht ermischen kann – kommen die drei Sekundärfarben oder Komplementärfarben, die gemischt mit ihrer entsprechenden Primärfarbe einen bunten Grauton ergeben. Die Komplementärfarbe zu Gelb ist Violett. Violett drückt im Traum den Übergang zum Unsichtbaren aus. Deswegen lieben kirchliche Würdenträger es, eine violette Robe zu tragen. Ferner drückt Violett als Mischung von Blau und Rot die Beseelung des Körpers aus. Aus diesem Grunde wurde es zur Symbolfarbe der Frauenbewegung. Alle Zwischenbereiche und Übergänge können durch Violett hergestellt werden. Seit der Zeit des Jugendstils ist das violette Accessoire bei Homosexuellen beliebt.

Die Komplementärfarbe zu Blau ist Orange. Goethe fiel es zuerst auf, dass Orange den Wärmepol des Spektrums darstellt. Damit ist es die Farbe des Mitgefühls im Traum. Orange drückt emotionale Wärme aus, weswegen buddhistische Mönche mit Safran orange gefärbte Kutten tragen.

Die Komplementärfarbe zu Rot ist Grün. Grün ist nicht nur die Farbe der Natur, sondern auch des Spannungsausgleichs. Blau und Gelb, die polaren Farben, mischen sich im Grün. Damit wird auf der Traumebene auf den Ausgleich von Spannungen verwiesen, was nicht nur nach Friedrich Nietzsche die Aufgabe des menschlichen Lebens ist.

Es gibt nur diese sechs bunten Farben. Alle anderen bunten Farben sind als Nuancen dieser Farben im Leben wie im Traum zu verstehen.

Die beiden grundsätzlichen unbunten Farben sind Schwarz und Weiß. Sie drücken zunächst einmal etwas Abstraktes aus. Sie sind nicht so sinnlich wie die bunten Farben. Mit Schwarz wird im Traum das Unbewusste symbolisiert. Es ist eine weibliche Farbe, da aus dem Dunkel alles Leben hervorgeht. Schwarz ist Chaos und somit die Farbe der Kreativität, weswegen es die Lieblingsfarbe der Designer ist. Da Schwarz auch mit dem Nichts – wie im schwarzen Loch – assoziiert wird, machen Träumer und Träumerinnen schwarze Symbole oftmals

Angst. Man fürchtet sich vor dem schwarzen Mann und dem schwarzen Gang, in dem man leicht die Orientierung verlieren kann. Hinter dieser Furcht verbirgt sich letztendlich die Angst vor der eigenen weiblichen Seite oder vor den unfassbaren Kräften des Unbewussten.

Weiß dagegen ist eine männliche Farbe. Weiß ist aggressiv. Weiß blendet. Ein weißes Traumsymbol spricht deswegen oftmals unsere männlich-aggressive Seite an. Dennoch wird Weiß in unserer Gesellschaft mit der Reinheit verbunden, mit Jungfräulichkeit sowohl als naive Unerfahrenheit, als auch als Unberührtheit. Dem Weiß ist es zu eigen, dass es sich beschmutzt und somit von der abstrakten auf die menschliche Ebene gelangt.

Kommen wir zurück zum roten und blauen Auto: Jetzt wird es deutlich, dass das rote Auto im Traum Ihre Antriebskraft und Ihren Bewegungstrieb anspricht. Es mag auch eine aggressive Haltung ausgedrückt werden. Das blaue Auto dagegen spricht Ihre Individualität an, Ihren Rückzug in die abgekapselte Zelle. Sie sehen es: Das Symbol Auto wird durch die Farbe noch genauer beschrieben.

Treten farbige Symbole im Traum auf, dann hilft es häufig, die Deutung mit diesen hervorgehobenen Symbolen zu beginnen. Sie zeigen sich ja auch besonders auffallend. Sie bieten sich Ihnen als optischer Reiz an und alles was derart im Traum in den Vordergrund drängt, stellt einen Deutungsschlüssel dar.

Träume, an die man sich vollständig in Farbe erinnert, sind besonders wichtige Träume. Sie zu bearbeiten, bringt ungewöhnlich viele Anregungen und tiefe Einsichten.

Archetypische Bilder – das Überpersönliche

Ich bin des öfteren gefragt worden,
woher denn diese Archetypen oder Urbilder stammen.
Mir scheint, als ob man ihre Entstehung gar nicht
anders erklären könne, als daß man annimmt,
sie seien Niederschläge stets sich wiederholender
Erfahrungen der Menschheit.
CARL GUSTAV JUNG

Über den Archetyp selbst brauchen wir hier nicht zu reden. Er bildet die Grammatik der Traumsprache, denen die archetypischen Bilder und Symbole folgen. Jung meint, dass der Archetyp selbst nicht inhaltlich bestimmt ist, sondern mehr der Form unserer Vorstellungen entspricht.

Archetypische Bilder sind Ihnen aus Märchen, Mythen und der großen Kunst bekannt. Tarot und Astrologie drücken sich in solchen Bildern aus. Werbung und politische Propaganda lieben sie. Zu diesen Bildern gehören unter anderem der Held, die Hexe, der Narr, die Hohepriesterin, Herrscherin und Herrscher, der schwarze Mann, das göttliche Kind und nicht zu vergessen die Liebenden und der Tod. Diese Bilder sind ergreifend, wiederkehrend und sie entwickeln sich im Traum. Sie machen auf persönliche Problemfelder aufmerksam und äußern sich zugleich überpersönlich.

Die archetypischen Bilder können je nach persönlicher Erfahrung einen positiven und Ehrfurcht gebietenden oder einen beängstigenden, negativen Aspekt haben.

Silke, die Träumerin, reitet auf einem Schimmel über die Heide. Es stürmt. Das Licht ist fahl. Sie weiß, dass sie verfolgt wird. Da tauchen aus dem Nichts drei schwarze Reiter vor ihr auf, die ihr den Weg verstellen. Sie hebt beschwörend die Hand. Aus ihren Augen schießen Blitze, welche die drei Reiter in Panik das Weite suchen lassen. Silke wacht verwundert über ihre Kräfte, aber auch zitternd auf.

Ich habe Sie nicht in einen Fantasy-Film entführt. Das ist eine reale Traumszene einer jungen Frau und Großstadtbewohnerin, die in der Buchführungsabteilung einer Versicherung arbeitet. Es ist charakteristisch für archetypische Träume, dass sie uns an die Märchen- oder Fantasy-Literatur erinnern und dass sie magische Kräfte ins Bild setzen. Diese Szene erinnert an das *Mabinogion* – eine der ältesten überlieferten Dichtungen aus dem Bereich des Keltischen, in dem die Helden mit den Augen kämpfen. Im Islam kennt man ebenfalls den bösen Blick, vor dem man sich durch die Hand Fatimas zu schützen sucht, die anscheinend den schwarzen Reitern fehlte. Typisch für diese Szene ist die Fülle archetypischer Bilder. Sie treten im Traum selten allein auf. Das weiße Pferd, das schon Theodor Storm (deutscher Dichter, 1817–1888) in seiner Novelle »Der Schimmelreiter« als dämonisches Wesen faszinierte, die Heide, auf der sich bereits bei Shakespeare die Hexen treffen; die schwarzen Reiter, die erst kürzlich bei der Verfilmung von Tolkiens »Der Herr der Ringe« grimmig über die Leinwand stürmten; und die Frau mit magischen Kräften, die durch die Märchenwelt geistert – das alles sind mächtige Bilder, tief in der Seele und den Traditionen unserer Kultur verankert.

Geben Sie sich keiner Illusion hin: Diese archetypischen Bilder sind niemals vollständig zu verstehen. Wie der Erdgeist Faust mit dem berühmten Ausdruck in die Schranken weist: »Du gleichst dem Geist, den du begreifst, nicht mir«, so geht es dem Menschen, der sich einem archetypischen Bild nähert. Dieses Bild ist zu ideal, zu andersweltlich, um vollständig verstanden zu werden. Das archetypische Bild wie das Ideal sind zu fürchten, denn ihre Macht lässt uns oft vor Schreck erstarren oder – was genauso fatal ist – sie verzaubert uns. Angesichts dessen verlieren wir den Zusammenhang mit dem »wahren Menschenleben« aus den Augen. Die Hexe oder Heldin, die schwarzen Reiter oder die Verfolgten sind wie alle archetypischen Bilder keineswegs Identifikationsobjekte, sondern kulturell vorgeprägte symbolische Bilder, von denen man lernt. Solche Bilder sollten uns nicht beherrschen, sie sollen uns bilden und zu produktiven Lösungen anregen – und das ist mehr.

Archetypische Bilder im Traum sind vielschichtig. Sie besitzen eine Ebene, die auf die Psyche des Träumers zu beziehen ist und zugleich eine überpersönliche Ebene. Auf der individualpsychologischen Ebene weisen die Machtfantasien der Träumerin auf ihre Ohnmachtsgefühle angesichts männlicher Aggression hin. Die schwarzen Reiter, die ihr den Weg verstellen, drücken ein negatives Männerbild aus. Es sind die schwarzen Männer, es ist das schwarze Männliche (der negative *Animus*), vor dem sie sich fürchtet. Die Farben Schwarz und Weiß deuten auf ein undifferenziertes Weltbild hin, das unheilvoll vereinfacht.

Wenn man einen archetypischen Traum deutet, beginnt man am besten mit der Betrachtung seiner individuellen Bedeutung. Das ist es, was Sie berührt und was Ihnen wichtige Hinweise für Ihre Entwicklung gibt.

Die überpersönliche Ebene, die jedem archetypischen Traum zu eigen ist, darf – wenn überhaupt – erst danach betrachtet werden. Sie führt nämlich von der Träumerin weg und verschleiert deren Problematik. Es ist überdeutlich, dass in diesem Traumfragment letztlich der Kampf zwischen Gut und Böse, zwischen Männlich und Weiblich, zwischen Licht und Finsternis angesprochen wird. Und wie im Johannesevangelium vertreibt das Licht die Finsternis, das Bewusstsein siegt über die unbewussten Triebe.

Aber Sie sehen es selbst, diese Deutung würde der Träumerin wenig bringen, außer ihre Kultur besser zu verstehen. Wenn man jedoch zuvor die individualpsychologische Deutung durchgeführt hat, dann kann die Beschäftigung mit unseren überpersönlichen kulturellen Werten heilsam wirken. Das Verständnis der eigenen kulturellen Werte und Bilder verleiht einem die Erdung, die Silke, unserer Träumerin, anscheinend fehlt. Hätte sie in ihrer Deutung mit der Ebene der archetypischen Bilder begonnen, wäre sie Gefahr gelaufen, den Bodenkontakt völlig zu verlieren. Erdung geschieht mit dem persönlichen Bezug, ohne sie entschwinden wir in das unfassbare Reich der Abstraktionen.

Gerade bei Träumen voller archetypischer Bilder hilft es zu fragen, was dieser Traum Ihnen im Hinblick auf Ihre Alltagssituation mitteilen möchte. Das ist der Schlüssel dazu, sich nicht in Hirngespinsten oder Gedankengiften zu verlieren.

Symbollexika

Die Grenzen der Interpretation fallen zusammen
mit den Rechten des Textes.
UMBERTO ECO

Wenn Ihnen bei einem Traumsymbol gar nichts einfällt, dann greifen Sie zu einem Lexikon der Traumsymbole. Ein solches Lexikon ist das wichtigste Hilfsmittel des Träumers, mit dem er sich zu Deutungen anregen lassen kann. Aber versuchen Sie zuerst, die Symbole Ihres Traums ohne Hilfsmittel zu verstehen. Danach können Sie abschließend einen Blick in solch ein Lexikon werfen und sich dadurch womöglich zu weiteren Deutungen inspirieren lassen.

Freilich enthalten Traumbücher und Traumsymbollexika bis in die heutige Zeit hinein oft flachsinnige Instant-Deutungen nach festen Symbolzuordungen. Dort finden Sie Platituden wie »Wer von einem Schimmel träumt, der ist sexuell erregt« oder noch hanebüchener: »Der Traum vom Abend hängt mit Ihrem Tod zusammen.« Solche Lexikoneinträge nutzen Ihnen wenig. Achten Sie beim Kauf eines Traumsymbollexikons stets darauf, dass die Symbole in ihrer Vielfalt dargestellt werden. Es kommt keineswegs darauf an, wie viele Symbole aufgeführt sind, sondern es ist viel wichtiger, dass die Einträge zu einem Traumsymbol möglichst viele Bedeutungsaspekte aufzeigen. Als ich das »Handbuch der Traumsymbole« schrieb, war es mir ferner wichtig, die Sicht eines Symbols aus dem Blickwinkel der verschiedenen Schulen der Traumdeutung darzustellen. Erst eine Vielfalt von Möglichkeiten wird Sie zu neuen Deutungen inspirieren. Wenn Sie bemerken, dass Sie sich gegen eine aufgeführte Deutung sperren, wenn Sie eine Deutung als verrückt abwehren, dann schauen Sie genauer hin. Die Abwehr ist oft ein Zeichen, dass bei Ihnen emotionale Probleme angesprochen werden. Und mit ebendiesen wollen wir uns in der Traumdeutung beschäftigen, um sie aufzulösen.

Viele Traumsymbollexika sind vom Geist früherer Zeiten geprägt und moderne Symbole werden Sie dort vergeblich suchen. Aber die Symbole des Traums haben sich mit der Zeit geändert. Besonders junge Menschen träumen heute von Handys und Notebooks. Der Datenverlust erzeugt den Albtraum und die Festplatte symbolisiert unser Gedächtnis. Mit der Veränderung unserer Gesellschaft haben sich die Traumsymbole gewandelt. Von Pferd und Wagen wird heute wenig geträumt, genauso wenig wie von der Schmiede oder vom Herdfeuer. Ein Traumlexikon, in dem Stichworte wie »Computer«, »Umweltverschmutzung« und andere Begriffe der modernen Zeit fehlen, hat nur noch historischen Charakter und wird Sie bei der Deutung Ihrer Träume oftmals im Stich lassen – es sei denn, Sie haben dem Zeitgeist widerstanden und leben noch »in der guten, alten Zeit«.

Traumsymbol-Datenbanken

Neben den herkömmlichen Traumsymbollexika in Buchform gibt es zunehmend Online-Lexika im Internet. Die Anbieter protzen mit der Anzahl der aufgeführten Symbole. Könnte es sein, dass die Quantität die Qualität ersetzen soll? Das wäre zwar zeitgemäß, hilft dem Nutzer jedoch wenig. Die Anzahl der Traumsymbole geht wahrscheinlich gegen unendlich, aber alle Symbole lassen sich auf bestimmte Grundsymbole zurückführen. Wenn diese Grundsymbole vielschichtig erklärt werden, kann sich der Nutzer die anderen Symbole selbst ableiten. Wenn beispielsweise das Traumsymbol Wasser differenziert erklärt wird, wird es dem Nutzer leicht gelingen, sich die Bedeutung einer verschlingenden Welle zu erschließen. Das allerdings ist bei den Online-Traumsymbol-Datenbanken selten der Fall. Sie bestehen oft aus einem kruden Cocktail eingescannter Traumsymbol-Lexika in Buchform. Die Deutung nach einer Schule der Traumdeutung steht unvermittelt neben derjenigen einer anderen. Dem Nutzer wird nicht der Geist klar, den dieses Lexikon prägt, und so kann er nicht die Methode erkennen, die ihn von den Datenbanken unabhängig machen würde, oder zumindest kann er viele Deutungen nicht einordnen. Es gibt keine innere Ordnung, da der Scanner an die Stelle des wertenden Bewusstseins eines Autors getreten ist.

Dass eine Traumsymboldatenbank allerdings nicht notwendigerweise ein Sammelsurium von abgehobenen und »halbseidenen« Informationen sein muss, zeigt die bereits erwähnte kostenlose Traumsymbol-Datenbank von www.traum-online.de.

Traumsymbole – ein Überblick

Bei der Beschäftigung mit den Träumen kommt es darauf an, dass man sich durch die Symbole seiner Träume berühren lässt. Ein reines intellektuelles Verstehen geht am Kern der Sache vorbei.

Nun eine kurze Zusammenfassung dessen, was bei der Betrachtung der Symbole wichtig und zu beachten ist.

Symbole sind

- vielschichtig
- gefühlsmäßig geladen
- Ausdruck von Anteilen oder Ichs des Träumers oder der Träumerin

Symbole unterteilen sich in
- persönliche Symbole
- archetypische Bilder

In jedem Symbol ist sowohl eine persönliche als auch archetypische Ebene vorhanden. Mit der persönlichen Ebene wird die Deutung begonnen. Sie berührt den Träumer oder die Träumerin emotional. Die archetypische Ebene betrachtet überpersönliche Zusammenhänge und allgemein menschliche Weisheiten.

Zu den Symbolen gehören:

Personen im Traum, die grundsätzlich die Ichs oder Eigenschaften des Träumers personifizieren. Dazu gehören:
- Männer, welche die männliche Seite der Träumerin oder des Träumers wiedergeben (*Animus*)
- Frauen, welche die weibliche Seite des Träumers oder der Träumerin wiedergeben (*Anima*)
- Kinder und Babys, die Folgendes symbolisieren:
  a. unser inneres Kind
  b. unsere abhängige Seite
  c. Neuanfänge, die Zuwendung benötigen
- Verwandte, die
  a. das personifizieren, was uns nahe steht
  b. unser *Alter Ego* (das andere Ich, das wir oft vernachlässigen) symbolisieren
- Verstorbene, welche die innere Stimme (das Höhere Selbst oder Gott) in uns personifizieren.
- Unbekannte und Gesichtslose, die unsere unbewusste Seite personifizieren

Tiere im Traum, die unsere tierische Seite repräsentieren:
- wilde Tiere, die unsere triebhaft wilde Seite verkörpern
- Haustiere, die unsere Anpassung und Hemmungen symbolisieren

Gegenstände, die auf Entfremdung hinweisen.

Farben, die einzelne Traumsymbole besonders hervorheben:

- Gelb: Geistigkeit und Kommunikation
- Blau: Seele und Emotionen
- Rot: Lebendigkeit und Leidenschaft
- Violett: Kommunikation mit dem Übersinnlichen
- Orange: Mitgefühl und emotionale Wärme
- Grün: harmonisches Ausbalancieren von Spannungen, die das Leben ausmachen
- Schwarz: Fruchtbarkeit, Kreativität, Unbewusstes und Weiblichkeit
- Weiß: Aggression, Autorität, Bewusstsein und Männlichkeit

Um einen genaueren Überblick über die Sprache der Symbole zu bekommen, schauen Sie entweder in ein Handbuch der Traumsymbole oder in eine Online-Traumsymbol-Datenbank.

4

Die Deutung

Wen hätt nicht schon der Traum gepackt,
dass er dahinläuft, splitternackt,
sich furchtbar schämt – und doch so tut,
als liefe er recht frohgemut.
EUGEN ROTH

Ein Traum braucht nicht unbedingt immer im Detail gedeutet zu werden. Wenn es Ihnen gut geht, genügt meistens eine kurze Betrachtung. Befinden Sie sich allerdings in einer schwierigen Situation, in der Sie sich unwohl fühlen oder sich nicht entscheiden können, wenn Sie kränkeln, unter beruflichem Stress oder häuslichen Spannungen leiden, dann hilft es, die eigenen Träume ausführlich zu deuten.

Wenn man seine Träume nicht betrachten möchte, muss man ein härteres Leben in Kauf nehmen. Man lernt langsamer – aber der Befreiung ist es egal, wann und wie man sie erlangt. Ein unverstandenes Bilderchaos können jedoch die wenigsten Menschen ertragen, deswegen drängt es sie zur Traumdeutung. Man versucht das Chaos der Bilder einzuordnen, denn Chaos macht Angst. Der Mensch schafft gottgleich aus dem Chaos Sinn. Dieser Sinn kreiert unsere Welt. Wie er gebildet wird, davon handeln unsere Träume.

Erinnern Sie sich noch an die Rosen zu Beginn des Kapitels über die Sprache der Symbole? Bleiben wir bei ihnen, weil sie so schön sind. Da träumen zwei Freundinnen, dass sie rote Rosen von einem attraktiven Mann galant überreicht bekommen. Für die eine Freundin mag dieser Traum eine Liebessehnsucht ausdrücken, was bedeutet, dass sie jetzt für eine romantische Beziehung offen ist. Für die andere Freundin mag hierbei die Erinnerung an eine unglückliche Beziehung hochsteigen. Der Traum möchte ihr helfen, diese Verletzung zu überwinden. Es mag auch sein, dass dieser Traum sie darauf aufmerksam machen möchte, dass die männliche Seite ihr hilft und ihr wohlgesonnen ist.

Die Kunst der Traumdeutung liegt darin, ein Symbol so konkret wie möglich auf sich als Träumerin oder Träumer zu beziehen. Man kann die Vergänglichkeit der Rose wehmütig betrauern oder sich an ihrem Geruch berauschen.

Was mache ich, wenn ich einen Traum nicht verstehe oder meine, ihn auf Anhieb zu verstehen? Wenn Sie einen Traum nicht verstehen, dann ist das bereits das erste Verständnis: nämlich Verwirrung und Unverständnis. Das heißt mit anderen Worten, dass dieser Traum Ihre automatisierte Sicht der Welt in Frage stellt. Er präsentiert Ihnen Ungewohntes, das zunächst Unverständnis erzeugt. Kapitulieren Sie nicht gleich angesichts dieser Verwirrung. Betrachten Sie Ihren Traum wie ein Bilderrätsel. Im Gegensatz zum normalen Bilderrätsel wissen Sie hier aber schon, was dieses Bilderrätsel Ihnen sagen will: Es möchte Sie auf Stauungen Ihres inneren Energieflusses aufmerksam machen. Es zeigt Ihnen, wo es hakt: Ungelebte Gefühle, ungewollte Aggressionen und unbewusste Ängste stellen sich dar. Wiederholungen und erstarrte Sichtweisen sind die Themen eines solchen rätselhaften Traums. Hinter jedem Bedürfnis, das im Traum ausgedrückt wird und eventuell sogar befriedigt wird, steht die Angst, dass gerade dieses Bedürfnis nicht befriedigt wird. Wenn Sie die Bilder des Traums so betrachten, als ob Sie ein Bild beschreiben würden, wird Ihnen wahrscheinlich eine Idee kommen, was dieses Bilderrätsel Ihnen konkret sagen möchte. Gehen Sie einfach Ihren Deutungsideen nach. Hüten Sie sich jedoch vor der Trägheit, sich gleich mit der erstbesten Deutung Ihres Traumes zufrieden zu geben. Diese Deutung sagt Ihnen nur das, was Sie bereits wissen. Halten Sie es wie der

Erfinder Thomas Alva Edison (1847–1931), der seine Mitarbeiter aufforderte, für jede gefundene Lösung noch eine bessere zu suchen. Für jede Deutung gibt es noch eine bessere, das heißt eine tiefsinnigere, treffendere und verblüffendere. Glücklicherweise verhält es sich bei der Traumdeutung wie bei jedem kreativen Vorgang: Eine Lösung zieht gleich viele weitere Lösungsmöglichkeiten an – wenn man sich weiter bemüht.

Wenn Sie bei der Deutung ein Aha-Erlebnis haben, sich also in Ihrer Ansicht bestätigt fühlen, dann suchen Sie auf jeden Fall weiter. Ein Traum präsentiert Ihnen stets etwas Neues, denn unser Unbewusstes betreibt nicht den Aufwand, einen Traum zu produzieren, um Ihnen etwas zu zeigen, was Sie ohnehin schon wissen.

Ich bemerkte bei meiner Arbeit mit Klienten, dass es oft hilft, wenn man Träume rückwärts liest. Rollen Sie Deutung von hinten auf, wenn die Deutungsmuse Sie nicht küssen mag. Etwas gegen den Strich zu lesen, löst Fixierungen auf und klärt den Blick. Da die Restposten der vorigen Tage dem Traum die Mosaiksteinchen liefern, mit dem er ein Bild zusammensetzt, lässt die gewohnte Lesart von vorn nach hinten uns oft im Scheuklappenblick des Alltags verharren. Die neue Information, die er uns vermitteln möchte, zeigt sich oft leichter in der Verfremdung durch die ungewohnte Perspektive, bei welcher der Traum von hinten nach vorn betrachtet wird. Probieren Sie es einfach einmal aus, wenn ein Traum sich partout Ihren Deutungsbestrebungen widersetzt.

Träume unterschiedlicher Lebensalter

Alt sein ist eine herrliche Sache,
wenn man nicht verlernt hat,
was anfangen heißt.
MARTIN BUBER

Da der Traum sich hauptsächlich aktueller Probleme annimmt, bringen die verschiedenen Lebensalter unterschiedliche Träume hervor. Die in Ihrer Lebensphase anliegenden Themen werden Sie sicher in Ihren Träumen finden können.

Kinder träumen oft von Monstern und von Tieren, da sie lernen müssen, das Tierische zu überwinden – deswegen meldet es sich so vehement. Das Thema Kindheit ist die Auseinandersetzung mit der elterlichen Autorität. Im Widerstand gegen die Eltern lässt das Kind sie zu Monstern werden, die riesengroß und bedrohlich sind. Kinderträume kann man zwar als Erwachsener sprachlich deuten, für das Kind selbst ist jedoch der angemessene Deutungszugang das Malen oder das Spiel. Kindern gelingt es meistens leicht, ihre Träume zu malen und dann über das Bild zu sprechen. Aber schon allein durch das Malen deutet – im Sinne von: verarbeitet – das Kind seinen Traum. Eine weitere, Kindern angemessene Deutungsmöglichkeit ist das Spiel mit Puppen. Ich habe als Kind stets auf der Bühne meines Kasperle-Theaters meine Träume dargestellt und bearbeitet.

Die Pubertät kennzeichnen dann die Angst-, Fall- und Flugträume und Träume voller Peinlichkeiten wie die traumübliche Situation, nackt in einer Menschenmenge zu stehen. Der Mut, zur eigenen Kraft zu stehen, wird in dieser Zeit zum Traumthema Nummer eins. Viele Traumsituationen und Symbole können in dieser Umbruchszeit auf die Auseinandersetzung des Träumers mit seiner Attraktivität bezogen werden. Pubertierenden fällt es oft leicht, Träume in ihrem Tagebuch zu deuten. Schon die Niederschrift des Traums im Zusammenhang mit dem Tagesgeschehen und dem emotionalen Auf und Ab bietet ein hilfreiches Traumverständnis.

Erwachsene träumen weit gehend, wie es Sigmund Freud (»Vater der Psychoanalyse«, 1856–1939) und Carl Gustav Jung ausführlich beschrieben haben. Meiner Erfahrung nach ist bis weit über die Lebensmitte hinaus das Hauptthema der Träume das nicht gelebte Potenzial und der Wunsch, den man sich versagt. Im Alter dagegen beschäftigen sich unsere Träume eher mit unserer Entwicklung und dem Lebenssinn.

Senioren empfinden ihre Träume häufig als Bereicherung. Solche Träume besitzen öfters als in anderen Lebensstufen eine allgemeine überpersönliche Aussage. Flugträume, die auf die Überwindung des Körpers hinweisen, treten in der letzten Lebensphase gehäuft auf. Abschiedszenen bereiten einige Träumer auf den Tod vor.

Frauen- und Männerträume

Der Mann ist leicht zu erforschen,
die Frau verrät ihr Geheimnis nicht.
IMMANUEL KANT

Frauen und Männer leben in anderen Welten und träumen folglich verschieden, freilich längst nicht so unterschiedlich, wie noch vor ein paar Jahren – aus ideologischen Gründen – keck behauptet wurde. Im Bereich der Männerträume und der Frauenträume gibt es jedoch ganz klar größere Unterschiede als im Vergleich der Träume beider Geschlechter untereinander. Grundsätzlich sind Männer- und Frauenträume gleich zu deuten. Äußerst unterschiedlich gehen jedoch beide Geschlechter mit ihren Träumen um. Frauen pflegen ihr Traumleben ernster zu nehmen. Wenn ich einen Vortrag oder Kurs über Träume und deren Deutung halte, kann ich sicher sein, dass das weibliche Publikum überwiegt. In den letzten drei Jahren interessieren sich zunehmend Männer für ihre Träume und Fantasien, aber dennoch sind die Frauen in Traumkursen und -vorträgen noch in der Überzahl.

Frauenträume sind unter anderem vom Zyklustag abhängig. Beim Eisprung treten eher romantische, während der unfruchtbaren Tage eher wilde Träume auf. Mehr weibliche als männliche Träume sprechen die Problematik sozialer Kontakte an. Angesichts eines zunächst unverständlichen Traums hilft es daher beim weiblichen Traum oftmals weiter, darin einen Hinweis auf die Gestaltung menschlicher Beziehungen zu sehen. Beim unverständlich erscheinenden männlichen Traum hilft es oft, ihn im Hinblick auf den Ausdruck von Aggressionen zu deuten.

Assoziationen

Die Wahrheit ist konkret.
BERTOLT BRECHT

Eine der genialsten Leistungen Freuds lag wohl in der »Erfindung« der Assoziationstechnik. Diese sollte nicht nur in der Traumdeutung eine große Karriere machen, sondern auch in allen Bereichen, in denen es um die Produktion kreativer Ideen geht. In der Werbung und Wirtschaftsführung sind Techniken wie Brainstorming und Mindmapping, die alle auf der Assoziation beruhen, heute unverzichtbar.

Böse Zungen behaupteten, dass Sigmund Freud die Assoziation entwickelt habe, weil er unfähig war, seine Klienten zu hypnotisieren. Es stimmt, dass es Freud nie zu großen Leistungen in der Hypnose brachte. Das lag daran, dass ihn diese Technik nicht interessierte. Bei der Deutung der Träume erschien ihm die Hypnose als ungeeignetes und veraltetes Hilfsmittel. Freud erkannte als einer der ersten Therapeuten, dass das Problem der Hypnose darin liegt, dass der Hypnotisierte sich meistens nicht mehr oder nur unvollständig daran erinnert, was er während der Hypnose erlebt hat. Zur Traumdeutung benötigte Freud jedoch eine Technik, die den tieferen Sinn der Bilder aufdeckt – und das nicht nur für den Therapeuten, sondern speziell auch für den Träumer. Er beobachtete bei seinen Klienten und bei sich selbst, dass der freie Fluss der Gedanken magnetisch von dem Punkt angezogen wurde, wo ein Problem lag. Sein Schüler Carl Gustav Jung begann seine wissenschaftliche Karriere ebenfalls mit Assoziationsexperimenten. Es zeigte sich, dass ohne Zensur geäußerte Gedanken zu einem Traumbild stets einer Idee zustreben, die den Hintergrund dieses Traumbilds erhellen. Wie alle großen Entdeckungen, besticht die Assoziationstechnik durch ihre Einfachheit.

Wenn sich Ihnen ein Traum nicht sogleich erschließt, dann assoziieren Sie frei zu seinen Bildern. Nehmen Sie sich die zentralen Symbole des Traums vor und beginnen Sie zu jedem dieser Symbole möglichst alle Einfälle zu sammeln, die spontan in Ihnen aufsteigen. Meistens gibt Ihnen das eine Idee davon, was dieser Traum bedeutet. Da diese Technik so einfach und schnell anzuwenden ist, beginnen die meisten Träumer die Deutung ihres Traums geradezu automatisch mit dieser Technik. Erst wenn Sie mit dieser Deutungstechnik nicht weiterkommen, nutzen Sie andere Deutungsmethoden.

Wenn Ihnen beim Traumsymbol Rose spontan »Liebe, Dornen und Leid« einfällt – wie der zu Beginn vorgestellten Frau, welche die ersehnten Rosen nicht zum Valentinstag bekam –, dann können Sie davon ausgehen, dass die Rose Sie auf unerfüllte Liebessehnsüchte aufmerksam macht. So einfach funktionieren die Assoziationen! Wenn Ihnen jedoch zur Rose spontan »rot, Liebe, Hingabe, Schönheit« einfällt und Sie dazu noch ein gutes Gefühl bekommen, dann wird Ihre Traumrose auf Ihre positiven Erfahrungen mit der Liebe verweisen. Sie können sie also als positives Symbol der Liebe deuten.

Beobachtung der Traumpersonen

Das Große ist nicht,
dies oder das zu sein,
sondern man selbst zu sein.
SÖREN KIERKEGAARD

Die Assoziation bringt den ersten Zugang zum Traum. Wenn ich nun weiterschauen möchte, dann liegt es auf der Hand, sich die Verhaltensweisen der einzelnen Traumpersonen genauer anzusehen.

In den meisten Träumen kommt ein Traum-Ich vor, das Sie selbst im Traum repräsentiert. Sie als Träumerin oder Träumer fühlen sich als diese Person. Dann gibt es meistens noch andere Personen, die Ihnen im Traum helfen oder Sie bekämpfen, die verrückte Verhaltensweisen zeigen oder von erschreckender Normalität sind. Das Traum-Ich und die anderen Traumpersonen zeigen häufig Reaktionen, die uns im alltäglichen Leben fremd sind. Gerade diese Reaktionen können als Hinweise für Verhaltensweisen angesehen werden, mit denen wir im Alltagsleben experimentieren können – selbst wenn sie uns noch so absurd erscheinen. In womöglich jedem Traum probieren wir oder die anderen Traumpersonen Handlungsweisen aus, die uns im Tagesbewusstsein fern liegen. Wir haben Angst, uns im Alltag so zu verhalten. Freilich arbeitet der Traum mit pädagogischen Übertreibungen, wenn Sie zum Beispiel gleich fünf Männer aufhängen und unter dem Galgen Ihr Frühstücksbrot genießen. Man muss schon blind sein, um nicht zu sehen, dass dieser Traum den Ausdruck Ihrer Aggressionen anspricht. Manchmal muss man Leute umbringen, dass heißt sie kaltstellen, um sich durchzusetzen. Dann kann man wieder in Ruhe genießen – und sei es nur das Frühstücksbrot.

Betrachten Sie die Traumpersonen, richten Sie Ihren ersten Blick darauf, ob sie sich aktiv oder passiv verhalten, ob sie Täter oder Opfer sind. Die Therapieforschung zeigt, dass Opferverhalten im Traum oft von unglücklichen, antriebsschwachen oder depressiv verstimmten Personen gezeigt wird. Täterverhalten zeigen dagegen die psychisch Fitten im Traum. Ändern Sie nun durch Affirmationen oder Tagträumen zum Beispiel Ihr Opferverhalten im Traum zum Täterverhalten, dann ändert sich auch Ihr Verhalten im Wachzustand. Sie werden aktiver und es gelingt Ihnen, Ihr Leben in die Hand zu nehmen und zu gestalten. Ein Beispiel dafür ist der zuvor geschilderte Galgentraum. Die Träumerin fühlte sich zuvor stets durch Männer bedroht, die sie im Traum verfolgten. Ich stellte ihr die Aufgabe, sich in tiefer Entspannung vorzustellen, wie sie die Männer mit einem Messer in der Hand verfolgt. Während dieser Verwandlung vom Opfer zum Täter hatte sie diesen Galgentraum, bei dem sie früher sicher selbst aufgeknüpft worden wäre.

Die Träumerin lernte von den Aktivitäten Ihres Traum-Ichs. Ihr minderwertig männliches Bewusstsein, das sie durch Kritiksucht, Unfreundlichkeit und unkontrollierte Aggressionen mächtig störte, zog sich zurück. Der Zwang zur Kritik löste sich auf. Sie wurde lässiger und konnte in Frieden ihr Butterbrot genießen.

Dialog mit den Traumsymbolen

Groß betrachtet ist alles Gespräch nur – Selbstgespräch.
CHRISTIAN MORGENSTERN

Fällt Ihnen zu Ihrem Traum rein gar nichts ein, dann unterhalten Sie sich mit den Traumsymbolen. Mit Traumsymbolen kann man reden. Sie können jedes Traumsymbol befragen, ob Mensch, Tier, Gegenstand oder was auch immer. Das Erstaunliche ist, dass Sie eine Antwort bekommen werden.

Diese Befragung führen Sie mühelos mit der Tagtraumtechnik durch, die einen wesentlichen Bestandteil meiner Dream-Creativity©-Methode darstellt (mehr dazu siehe Kapitel 5, Seite 86). Wenn Sie sich den Luxus eines Mittagsschläfchens leisten können oder abends vor dem Einschlafen stellen Sie sich Ihren Traum noch einmal so genau vor, wie es Ihnen möglich ist. Ob Sie die Traumbilder wieder wie einen Film sehen oder nur konzentriert an den Traum denken, ist dabei unerheblich. Dann kann die Befragung beginnen. Am produktivsten sind die Fragen:

- Was willst du mir sagen?
- Warum erscheinst du mir?

Sie können ferner das Traumsymbol befragen, warum es Ihnen gerade jetzt erschienen ist.

Die Traumdeutung wurde seit dem Altertum zur Mantik gezählt. Sie wurde als Wahrsagekunst angesehen. Man befragt das Orakel und bekommt eine symbolisch verschlüsselte Antwort – wie bei der Pythia, der weissagenden Priesterin im Tempel des Apollo zu Delphi. Es ist ein unumstößliches Gesetz dieser Kunst, dass Sie die Antwort so nehmen, wie sie Ihnen gegeben wird und sich keine Gedanken darüber machen, aus welcher Quelle sie kommt. Sonst vergiften Ihnen leicht die Zweifel die hilfreiche Antwort. Der Traum ist eine Übung in Hingabe und die Befragung der Traumsymbole ebenso. Freuen Sie sich über die Antwort und bewegen Sie diese in Ihrem Herzen.

Wenn Sie fragen, was Ihnen dieses Symbol mitteilen möchte, bekommen Sie meistens eine Antwort, die Sie nicht kennen. Der ungeübte Träumer will nur Bekanntes in seinen Träumen wiederentdecken – gehen Sie darüber hinaus. Bekommen Sie eine Ihnen bereits bekannte Antwort, fragen Sie weiter. Es ist produktiv, das Zwiegespräch mit der Frage »Was ist in meinem Leben zu ändern?« abzuschließen.

Carl Gustav Jung, Erich Neumann (Schüler Jungs, der sich eingehend mit dem männlichen Archetypen beschäftigte, 1905–1960) und Erich Fromm (Psychoanalytiker, der sich auf das Thema »Haben und Sein« spezialisierte) betonen, dass während eines Wandlungsprozesses einer Person oder in einer Krise häufig Gestalten aus Märchen, Mythos und Religion auftreten. Wenn Ihnen also Merkur erscheint oder Sie sich im Traum wie der arme Faust in die wunderschöne Helena verlieben, dann können Sie sicher sein, dass sich in Ihnen etwas tut, das Sie zur Wandlung drängt. Sprechen Sie diese mythologischen Personen in der oben beschriebenen Tagtraumtechnik an, befragen Sie sie nach Lösungen für Ihre Probleme. Wie bei einem guten Berater oder Therapeuten werden Ihnen Inspirationen gegeben werden. Die Verantwortung für Ihr Handeln wird Ihnen dadurch nicht abgenommen, das wäre eine kindliche Hoffnung. Der Traum mit seinen Symbolen möchte Sie als erwachsenen Menschen ansprechen.

Traumsituationen

Wer glaubt, über der Situation zu stehen,
steht in Wirklichkeit oft nur daneben.
FRIEDL BEUTELROCK

Kein Traumsymbol tritt isoliert auf. Außer in seltenen abstrakten Träumen ist jedes Symbol in eine Situation eingebettet. Es gibt klassische Traumsituationen, von denen jede Träumerin und jeder Träumer schon einmal geträumt hat. Dazu gehört die Verfolgung im Traum, dass man noch einmal eine Prüfung bestehen muss, dass man sich als einzige Person nackt in einer Menge wiederfindet und dass man aus eigenen Kräften fliegen kann. Wie es archetypische Bilder gibt, so gibt es auch archetypische Situationen, die unser Traumleben begleiten.

Verfolgungsträume

Bei solchen Traumsituationen hilft es, wenn man sich nach der Funktion dieser Situation fragt. Warum verfolgt mich etwas? Es verfolgt Sie, da es wahrgenommen werden möchte. Es läuft hinter Ihnen her, um Sie zu erreichen. Das sind meistens Anteile von Ihnen, die Sie ablehnen oder nicht beachten. Begegnen Sie ihnen mit Liebe.

Prüfungsträume

Warum müssen Sie noch einmal eine Prüfung bestehen, die Sie im Leben meistens vor langer Zeit bereits bestanden haben? Das macht Sie darauf aufmerksam, dass Sie Ihr Leben als fortwährende Prüfung erleben. Oft tritt diese Stimmung auf, wenn man sich überfordert fühlt.

Zu Prüfungsträumen gibt es eine paradoxe Beobachtung: Wer vor einer Prüfung träumt, dass er durchfällt, der wird diese Prüfung mit großer Wahrscheinlichkeit bestehen. In amerikanischen Untersuchungen fand sich kein Träumer, der in der Traumprüfung und in der Prüfung im realen Leben durchfiel. Man kann geradezu sagen, wer im Traum eine Prüfung nicht besteht, wird sie im Leben bestehen. Die Situation des Durchfallens möchte Sie wahrscheinlich dazu anregen, sich noch einmal voll auf Ihre Prüfung zu konzentrieren. Dass man im Traum eine Prüfung besteht, kommt äußerst selten vor.

Nackt in der Menge

Warum stehen Sie nackt in der Menge? Die Funktion ist offensichtlich: Sie zeigen sich so, wie Sie sind. Es ist eine Aufforderung, nichts zu verstecken und offen zu sein. Die Kleidung symbolisiert zumeist die »Persona«, das heißt eine Rolle. Aber eine Rolle ist ein übergestülptes und nicht das wahre Ich.

Träume vom Fliegen

Warum fliegen wir bisweilen im Traum? Gehen wir wieder von der Funktion dieser Traumsituation aus: Wer oben in den Lüften schwebt, der bekommt einen größeren Überblick. Diese Situation sagt dem Träumer: Du benötigst Abstand, um etwas deutlich und im Zusammenhang zu sehen. Es kann sich allerdings auch um eine Flucht aus der Alltagssituation handeln, die häufig dann erträumt wird, wenn man sich vom Stress des Alltagslebens überfordert fühlt. Alles wird schwer und man wünscht sich mehr Leichtigkeit. Mit dem Fliegen lässt man die Erdenschwere hinter sich, ein angenehmer Wunschtraum, der beispielsweise beim Quidditch-Spiel und beim Apportieren in den Harry-Potter-Büchern angesprochen wird. Wer träumt nicht im Terminstress davon, hexengleich auf dem Besen zu fliegen, wenn er im Stau steht?

Hier schwingt der Traum der Menschheit mit, die physikalischen Gesetze zu überwinden. Man wird zum Magier, der sich über die Naturgesetze hinwegsetzt. So zeigt dieser Traum, dass nichts unmöglich ist. Die Begrenzungen, unter denen man leidet, sind womöglich nur eingebildet. Sie sind Geistesgifte, wie es der Buddhismus treffend ausdrückt.

Bei älteren Menschen und bei Kranken kann die Situation des Fliegens durch den Wunsch hervorgerufen werden, den eigenen Körper hinter sich zu lassen. Das steht auch hinter der Idee der Astralreisen, die bisweilen ebenfalls im Traum erlebt werden (Genaueres dazu siehe Kapitel 15, Seite 159 ff.).

Häufig ist es produktiv, sich bei den Traumsituationen zu fragen, woher man diese oder ähnliche Situationen aus seinem Leben kennt. Sie ironisieren oft charakteristische Alltagssituationen und geben Hinweise, wie man sich in der betreffenden Situation anders hätte verhalten können.

Filme helfen Ihnen, ein schärferes Auge für Traumsituationen zu bekommen. Deswegen können Sie Filme wie Träume betrachten und mit den Methoden der Traumdeutung verstehen. Das Kino ist der Ort der Schulung für Traumsituationen und die genaue Betrachtung von Traumsituationen lässt Sie wiederum Alltagssituationen bewusster erleben und gestalten.

Sprachliche Deutung

Die Sprache ist das Haus des Seins.
MARTIN HEIDEGGER

Bis jetzt bin ich weit gehend davon ausgegangen, dass Sie Ihre Träume sprachlich bearbeiten. Sie schreiben im Idealfall Ihren Traum auf und notieren sich danach Stichworte zu seinem Verständnis. Intellektuelles Verstehen wird durch diese sprachliche Bearbeitung einseitig gefördert. Sie besitzt aber auch den Vorteil, dass man niedergeschriebene Einsichten länger behält. Sie gelten ferner als verpflichtender. Was man schwarz auf weiß hat, das wiegt mehr. Beim Niederschreiben der Deutung eines Traums bemerken Sie unmittelbar, ob Sie den Traum wirklich verstanden haben oder ob Sie im Vagen umherirren. Ich bemerke es als Autor täglich, dass ich nur das wirklich verstanden habe, was ich mit einiger Eleganz formulieren kann. Was Ihnen schwer fällt zu formulieren, das haben Sie noch nicht verstanden. Hier können Sie die Deutung weitertreiben.

Es ist keineswegs alles sprachlich formulierbar. Es gibt Ebenen des Traums, die sich der Verantwortung entziehen. Hier berühren wir tiefe emotionale Bereiche, die sprachresistent sind. Die Erfassung dieser Bereiche zeigt sich einzig in einer inneren Berührtheit. Man würde diese wieder zerstören, wollte man sie mit Worten ausdrücken. Das meint wohl der österreichische Philosoph Ludwig J. J. Wittgenstein (1889–1951), wenn er sein *Tractatus Logicus* mit dem Satz beendet: »Wovon man nicht sprechen kann, darüber muss man schweigen.«

Trotz allem findet jede erste Annährung an den Traum erst einmal mittels Sprache statt. Das beginnt schon beim Aufschreiben und bei den automatisch ablaufenden Assoziationsketten.

Für manche Menschen ist es jedoch einfacher, wenn sie ihre Träume auf andere Weise bearbeiten. Und für intellektuell ausgerichtete Träumer ist es hilfreich, zumindest ab und an mit anderen als sprachlichen Mitteln einen Traum zu klären. Die Sprache ist zwar die Mutter des Gedankens und der Idee, sie besitzt aber auch die hypnotische Wirkung, einmal Gedachtes stets zu wiederholen.

Künstlerische Deutung

Das Bild ist ein Modell der Wirklichkeit.
LUDWIG WITTGENSTEIN

Neben der Sprache, die immer bei der Traumbetrachtung – außer bei der eines Kindertraums – im Vordergrund steht, haben wir künstlerische Mittel zur Annäherung zur Verfügung. Man kann seine Träume oder wichtige Szenen daraus malen oder skizzieren. Setzen Sie sich dabei jedoch nicht unter Druck, nun ein Kunstwerk schaffen zu wollen. Es kommt bei künstlerischen Deutungen weniger auf die ästhetische Qualität an als auf das gestalterische Bemühen. Die Psychoanalytikerin und Schriftstellerin Lou Andreas-Salomé (1861–1937) war der Ansicht, dass Gestaltung Verstehen und Heilung zugleich sei.

Viele Maler wie Marc Chagall (1887–1985), Surrealisten wie Max Ernst (1891–1976), Giorgio de Chirico (1888–1978) und Salvador Dalí (1904–1989) haben Traumszenen gemalt und versucht die Irrationalität des Traums malerisch darzustellen. Der schwebende Engel in vielen Bildern Chagalls geht auf einen Warntraum zurück. Dieser Engel suchte Chagall im Traum auf, um ihn vor der Polizei zu warnen, die Menschen wie Chagall suchte, die ohne Aufenthaltsgenehmigung in den großen russischen Städten wohnten.

Versuchen Sie zumindest bisweilen, einen Traum zu malen oder zu skizzieren. Dann meditieren Sie auf dieses Bild. So bleibt Ihnen Ihr Traum präsent und wird zum Wegbegleiter.

Durch die Umsetzung in ein anderes Medium können Sie Neues erkennen.

Malen und Zeichnen sind nicht die einzigen Möglichkeiten, einen Traum zu verstehen. Spielen Sie mutig mit anderen künstlerischen Ausdrucksmitteln. Mit Ton oder Plastilin können Sie Träume oder einzelne Traumsymbole oft gut darstellen. Vor Jahren hatte ich in einem meiner Schweizer Traumkurse eine Frau, der es leichtfüßig gelang, einen Traum zu tanzen.

Sicherlich kann man Träume musikalisch ausdrücken, in Stein hauen, wie es ansatzweise C. G. Jung versuchte, oder sie als Theaterstück inszenieren. Zusammen mit Techniken des Psychodramas gelangt man so zur Traumaufstellung, die dem Träumer schnell zeigt, wie er sich gewöhnlich verhält, wo er sich angezogen und abgestoßen fühlt. Der Nachteil dieser am Theater ausgerichteten Techniken liegt darin, dass man eine Gruppe benötigt. Diese Techniken eignen sich daher für Traumgruppen, wobei es hilfreich ist, wenig Theorie von Theater, Psychodrama oder Familienaufstellung zu kennen. Die Theorie behindert nur den spontanen Ausdruck und den Spaß an der freien Gestaltung seines Traums.

Zentral bei diesen künstlerischen Deutungstechniken ist der Spaß am Spiel. Dort, wo der Spaß fehlt, kommt es weder zur Inspiration noch zum *Flow*, wie Kreativitätsforscher das selbstvergessene Versinken in eine Tätigkeit nennen.

Verschiedene Schichten des Traums

Traum ist Kunst.
Kunst ist Traum.
Beides ein vielschichtiger Raum.
MARTIN EVANS

Jeder Traum besitzt viele Schichten. Die einzelnen Traumforscher haben sich meistens eine dieser Schichten herausgesucht und diese dann genau betrachtet. Sigmund Freud wendete sich ausgiebig der sexuellen Schicht des Traums zu, was aus dem Zeitgeist des viktorianischen Zeitalters heraus verständlich war, da es die Sexualität als etwas Anrüchiges betrachtete. Carl Gustav Jung dagegen spürte die spirituelle Dimension eines jeden Traums auf, was ihn zu der überpersönlichen Deutung und seiner Archetypenlehre führte. Lou Andreas-Salomé interessierte die künstlerisch-kreative Seite des Traums und Erich Fromm betrachtete den Traum oft durch die sozialwissenschaftliche Brille. Das alles sind Schichten, die in jedem Ihrer Träume zugleich vorhanden sind. Eine gültige Deutung eines Traums wird im Idealfall jede von ihnen berücksichtigen. Freilich taten das die großen Meister der Traumdeutung keineswegs. Freud deutete Träume weitgehend stereotyp auf der sexuellen Ebene und sein Schüler Jung verfiel in eine ähnliche Deutungsmonotonie, wenn er sich in jedem Traum dem Überpersönlichen und der Symbolgeschichte zuwandte. Wenn wir unsere eigenen Träume deuten, können wir aus der Geschichte lernen und uns vor solcher Monotonie in Acht nehmen. Wer seine Träume immer unter dem gleichen Aspekt betrachtet, dem werden sie bald nichts mehr mitteilen. Es ist erschreckend und erheiternd zugleich, wie Traumdeutungsmethoden bestimmten Moden unterliegen. Vor einiger Zeit wurde in den Träumen penibel nach dem Einfluss von Eltern und Familie gesucht, dann vermutete man in jedem Traum die so genannten Borderline-Störungen, womit man Anteile in uns bezeichnete, die sich durch ausgeprägte Stimmungsschwankungen, instabile zwischenmenschliche Beziehungen sowie selbstschädigende Impulsivität bemerkbar machten. Unter dem Einfluss der spirituellen Bewegung seit den achtziger Jahren suchte und fand man Geburtsschwierigkeiten und den Einfluss voriger Leben im Traum. Jede Zeit hat also ihre Brille, durch die sie den Traum betrachtet. Wer aber durch die Deutung seiner Träume lernen möchte, der hält sich von solchen Deutungsmonotonien fern.

Werden Sie sich bewusst, auf welcher Ebene Sie Ihre Träume deuten. Wer seine Träume stets spirituell als Sprache Gottes interpretiert, der kann sich produktiv der sexuellen oder sozialpsychologischen Seite zuwenden. Wer in seinen Träumen nichts anderes als Sexuelles sieht, der mag zur Abwechslung einmal die spirituelle Ebene betrachten. Es ist immer produktiv, den Blickwinkel zu wechseln, aus dem Sie Ihre Träume anschauen. Geschieht das nicht, enden Sie wie Freud und Jung, indem Sie sich von Ihren konkreten Träumen und somit von sich selbst entfernen und zum allgemeinen Symbolspezialisten werden. Das ist für die wissenschaftliche Karriere gut, aber Ihrer Persönlichkeit hilft es wenig.

Ich schlage Ihnen vor, dass Sie zunächst Ihren Traum auf der Ebene deuten, die sich Ihnen aufdrängt. Nach dieser Deutung versuchen Sie den Traum auf einer anderen Ebene zu betrachten. Seien Sie sich bewusst, dass jede dieser Deutungen in gleicher Weise gültig ist. Die letztendliche Deutung eines Traums liegt in der Summe aller möglichen Deutungen. Und hier sind wir bei der mir sympathischen Sicht des Traums als Kunstwerk angelangt: Auch ein Kunstwerk lässt viele Deutungen zu, deren Dynamik untereinander gerade das ausmacht, was wir an ihm anziehend und interessant finden. Bei einem Kunstwerk und bei einem Traum ist eine endgültige Deutung nie möglich und genau deswegen können beide derart tief auf uns wirken. Sie stellen uns vor ein Rätsel und das muss so sein, da das Leben rätselhaft ist. Es lässt jede Demut vermissen, wenn wir meinen, einen Traum endgültig verstehen zu können. Das ist ein Flachsinn, der uns verarmen lässt, statt uns zu bereichern.

Die Deutung im Überblick

Wie bei einem Bilderrätsel ist der erste Zugang zum Traum die Assoziation zu den Traumbildern. Sammeln Sie alle Einfälle, ohne sie zu bewerten.

Träume sind stets auf bestimmte konkrete Probleme bezogen. Diese Probleme sind in hohem Maße von der Lebensphase abhängig. Fällt Ihnen bei der assoziativen Deutung Ihrer Träume spontan nichts ein, dann schauen Sie, ob der Traum auf das charakteristische Problem Ihrer Lebensphase zu beziehen ist:

- Kindheit: Auseinandersetzung mit der Autorität und Macht der Welt der Erwachsenen
- Pubertät: Attraktivität
- Erwachsenenalter: Wunsch und das nicht gelebte Potenzial
- Altersphase: überpersönliche Träume, die sich mit dem Lebenssinn beschäftigen

Bleibt der Sinn des Traums immer noch im Dunkeln oder suchen Sie nach einer noch besseren Deutung, dann hilft

- die Betrachtung der Traumpersonen. Sie zeigt Ihnen, ob Sie mehr der Opfer- oder der Täterstruktur folgen. Psychisch gesünder ist es, im Traum der Täter zu sein.
- die Betrachtung der Traumsituationen. Dadurch bekommen Sie ein klareres Bewusstsein für Alltagssituationen.
- der Dialog mit den Traumsymbolen, der eine Deutung durch Ihr Unbewusstes darstellt.

Um eine monotone Deutung zu vermeiden, beachten Sie die verschiedenen Schichten eines Traums. Die wesentlichen Schichten sind:

- Sexualität
- Sozialverhalten
- Spiritualität
- Erfolg

Besonders intellektuelle Träumer und Träumerinnen bringt es voran, wenn sie ihre Träume nicht nur sprachlich, sondern auch mit künstlerischen Ausdrucksmitteln deuten.

5

Die Veränderung des Traums – der Traum als Produktionsmittel

Der Mensch ist Mensch nur, wenn er spielt.
FRIEDRICH SCHILLER

Für viele Traumdeuter ist der Traum als solcher eine heilige Kuh. Er gilt als unantastbar und es grenzt an Blasphemie, ihn zu verändern. Die von mir entwickelte DreamCreativity©-Methode, zu der alle in diesem Buch dargestellten Techniken und Methoden gehören, sieht das völlig anders. Sie basiert darauf, dass Träume dem Träumer Wesentliches kommunizieren. Sie betrachtet dabei weniger das, was in uns als krank oder neurotisch bezeichnet wird, als vielmehr unser Potenzial und unsere Kreativität. Die DreamCreativity©-Methode schaut in die Zukunft und wenig zurück in die Vergangenheit des Träumers. Sie betont die konstruktiven Aspekte des Traums und sieht jeden Traum als Problemlösungsversuch für die aktuellen Probleme des Träumers an. Für sie besitzt die Traumarbeit eine spielerische Komponente. Mit phallischem Ernst erschlägt man den Traum eher und ist blind für dessen feine Ironie und seinen humorvollen Ausdruck. Der Traum ist ein Spielzeug, das uns unser Unbewusstes allnächtlich schenkt, um wieder wie die Kinder zu werden. Wer sich ernsten Blicks dem unantastbaren Traum nähert, der erliegt zu leicht einer masochistischen Suche nach Neurosen. Er verliert sich in den Tiefen der Vergangenheit und in den Spielchen um die Liebe zwischen Eltern und Kindern.

Der revolutionäre amerikanische Architekt Frank Lloyd Wright (1869–1959) ließ an seinem Auto alle Rückspiegel abmontieren, da er den Blick zurück für unproduktiv hielt. Genau das empfehle ich Ihnen bei der Betrachtung Ihrer Träume: Blicken Sie nicht zurück, sondern schauen Sie nach vorn. Benutzen Sie Ihre Träume als ein Spielzeug, das Ihnen hilft, Ihre Zukunft zu entwerfen.

Meine Methode der progressiven Traumarbeit (DreamCreativity©-Methode) besteht darin, die Traumbilder wie Produktionsmittel zu sehen, die uns unsere Psyche bereitstellt. Diese Traumbilder verführen uns dazu, unser Leben kreativ zu verändern, Neues und mehr zu wagen. Ich hoffe, dass Sie eine Vision oder zumindest ein mittelfristiges Lebensziel haben. Was würden Sie sich denn wünschen, wenn jetzt die Fee käme und Sie hätten die berühmt-berüchtigten drei Wünsche frei? Da fällt Ihnen sicher etwas ein. Ist das nicht der Fall, dann wird Ihnen die genaue Betrachtung Ihrer Träume eine Ahnung vermitteln, wonach sich Ihre Seele sehnt. Aber normalerweise wissen wir, was wir wollen (oder meinen es zumindest zu wissen). Nehmen wir an, Ihr Ziel ist es, inspirierende Beziehungen zu leben und wirtschaftlich erfolgreich zu sein.

Stellen Sie sich vor, Sie erinnern sich wie eine meiner Klientinnen an folgenden Traum:

Ich besuche meine Freundin. Ein Mann ist da. Meine Freundin wohnt in einer ebenerdigen Wohnung, die sparsam eingerichtet ist. Vom Wohnzimmer aus habe ich einen schönen Blick nach draußen in einen parkähnlichen Garten. Ich bin gekommen, um die Freundin abzuholen. Wir wollten zu mir fahren. Aus einem Gespräch wird eine Diskussion zwischen ihr, dem Mann und mir. Plötzlich steckt der Mann mir seinen kleinen Finger in den Mund. Ich kann nicht ausweichen. In der Not beiße ich zu. Er nimmt auch jetzt noch nicht seinen Finger aus meinem Mund, im Gegenteil, er versucht, ihn in meinem Mund zu bewegen und umzudrehen. Ich beiße darauf so kräftig zu, dass ich spüre, wie meine Zähne durch die Haut dringen. Ich komme auf den Knochen. Es knirscht und ich wache erschüttert auf.

Natürlich besitzt dieser Traum eine auffallend sexuelle Komponente. Dass der Mund ein Symbol für das weibliche Geschlecht ist, weiß schon die Sprache, welche den gleichen Ausdruck für die Schamlippen und die roten Lippen, die man küsst, benutzt. Jung hätte einen minderwertigen *Animus* bei der Träumerin diagnostiziert, man könnte es volkstümlicher als negatives Männerbild bezeichnen. Ich möchte dieses Traumbeispiel jedoch nicht deuten, sondern an ihm aufzeigen, wie man seine Träume sinnvoll verändern kann.

Stellen Sie sich vor, Sie seien ein Filmproduzent. Dieser Traum wurde Ihnen als Drehbuchidee übergeben. Ihnen ist klar, dass Sie keinen Geldgeber für solch ein Projekt finden, denn Hollywood finanziert nur Filme mit Happy End. Ihnen ist bewusst, dass der Kinobesucher Bilder verlangt, die vom Erfolg im Privaten und Geschäftlichen berichten und natürlich vom Sieg des Guten über das Böse. Da die Drehbuchidee nun von einem einflussreichen Autor stammt, ist sie nicht abzulehnen, sondern Umschreiben ist angesagt.

In exakt dieser Situation befinden Sie sich, wenn Sie Ihre Träume verändern wollen. Sie werden nun den Traumtext umschreiben, mit ihm spielen, bis er das ausdrückt, was Sie erreichen wollen (denn Sie sind ja gleichzeitig auch der Produzent und das Publikum). Zunächst schauen Sie, was brauchbar ist. Sie atmen auf, die erste Hälfte bis zu Beginn der Diskussion können Sie so stehen lassen. Nun folgt die gegenseitige Aggression zwischen Frau und Mann, der unappetitliche Biss in den Finger, das wird vom Publikum – außer den Sado-Masochisten im Saal – abgelehnt. Aggression ist häufig ein fehlgeleiteter Aufschrei nach Liebe, fällt Ihnen ein. Also wenden wir doch die aggressive Szene in eine Liebesszene. Der Mann macht der Träumerin Komplimente und verabschiedet sich am Ende galant mit einem Handkuss. Später ruft die Freundin an und erzählt der

Träumerin, dass dieser Mann von ihr begeistert sei und sie beide nächste Woche zum Essen einladen würde.

Das ist natürlich noch je nach Geschmack ausbaufähig: Der Mann kann entweder als kultivierter Intellektueller geschildert werden, als mächtiger Banker oder einfach als netter oder gut aussehender Mann.

Was ist nun aus dem ursprünglichen Traum geworden? Sie besuchen Ihre Freundin in der schönen Wohnung, die Sie eventuell zu Ihrer Wohnung machen können. Dann besucht die Freundin Sie. Dort treffen Sie den Mann, den beispielsweise die Freundin mitbringen kann und mit weiblicher Intuition merken Sie sofort, dass er endlich einmal nicht so ein Langweiler ist, sondern derjenige, mit dem Sie sich bestens unterhalten und amüsieren können. Er hat Biss. Und genauso arbeitet der Traum häufig: Was Sie zeigen, möchten Sie vom anderen (und umgekehrt).

Sie haben also den Traum so verändert, dass er Ihnen die Einlösung Ihrer Wünsche oder Ziele präsentiert. Wenn Sie Zeit haben, legen Sie sich hin, schließen die Augen und stellen sich in der Entspannung den neuen Traum vor, der selbstverständlich von den Bilderwelten des ursprünglichen Traums beeinflusst ist.

Wenn Sie sich diesen bearbeiteten Traum täglich einmal vorstellen, werden Sie dreierlei bemerken:

1. Es tritt ein so genannter Transfereffekt ein, das heißt Ihr Leben wird sich dahingehend ändern, dass Sie Ihre Ziele leichter erreichen.
2. Der bearbeitete Traum wird sich mit der Zeit verändern. Ihr Bewusstes und Ihr Unbewusstes werden ihn noch weiter ausarbeiten und Ihr zugegebenermaßen vages Ziel wird sich zunehmend konkretisieren. Sie werden immer klarer wissen, was Sie wollen.
3. Ihre nächtlichen Träume werden sich allmählich so verändern, dass sie die Erreichung Ihrer Ziele unterstützen.

Dieses Vorgehen ist das Kernstück der DreamCreativity©-Methode, deren Wirkung Sie noch verstärken können, wenn Sie sich täglich abends vor dem Einschlafen in den bearbeiteten Traum versenken. Ob Sie dabei einschlafen oder nicht, Sie erhöhen damit die Wahrscheinlichkeit, dass Ihre nächtlichen Träume Ihre Intentionen aufgreifen, bearbeiten und tief in Ihrem Unbewussten verankern.

Seien Sie demütig: Einen Traum kann und darf man nie vollständig kontrollieren, das ist Größenwahn. Aber man kann kreativ mit den Impulsen seiner Traumwelten spielen. Sie sind verantwortlich für Ihre Traumwelten genauso wie Sie für Ihr Leben verantwortlich sind. Auch wenn Sie bewusst gestalterisch in Ihre Traumwelten eingreifen, erliegen Sie glücklicherweise trotz allem noch dem Sog der unkontrollierbaren Bilder. Meine Methode beruht also darauf, sich von den Bildern der Träume bewusst inspirieren zu lassen und so emanzipiert sein Leben in die Hand zu nehmen und zugleich dem Unbewussten seine Freiheit zu gestatten, mit unserem Werk – dem bearbeiteten Traum – weiter zu spielen.

Hier wird die zentrale Haltung der Traumarbeit angesprochen: Sie richten Ihren Willen auf ein Ziel hin aus, aber zugleich erzwingen Sie nichts. Sie lassen dem Unbewussten seine Freiheit, wiederum mit Ihrem Willen zu spielen. Sie können das als die harmonische Verbindung Ihrer weiblichen mit Ihrer männlichen Seite ansehen. So ist es möglich, dass Ihr Unbewusstes die Richtung Ihres Willens nicht akzeptiert und korrigierend eingreift. Das zeigt sich darin, dass Sie sich bestimmte Bearbeitungen Ihres Traums nur schwer vorstellen können. Wenn Sie diese visualisieren wollen, schweift Ihr Geist ab und sucht sich andere Bilder. Das ist ein untrügliches Zeichen dafür, dass Sie Ihren Traum in anderer Weise angemessener bearbeiten können. Zum Glück gibt es viele Möglichkeiten der Bearbeitung.

Nach Carlos Castaneda und südamerikanischen Schamanen wie Juan Nunez del Prado ist die Traumwelt der Ort, an dem wir auf den Verlauf der Dinge einwirken können. Diese schamanischen Traumtechniken, die ausführlich in Castanedas *Die Kunst des Träumens* sowie von dem Schweizer Autor Werner Zurfluh in *Quellen der Nacht* beschrieben werden, zielen darauf ab, in den Traumwelten die Alltagsrealität zu verändern. Bei den Ausflügen in die Traumwelten erprobt der Träumer seine magischen Kräfte. Er kann von dort aus Menschen heilen, sie vor dem Tod erretten und Unglück abwenden.

Diese Ausflüge unternimmt man nur mit einem erfahrenen Führer, denn die Grenzen zwischen höchster Bewusstheit und Psychose verschwimmen in diesem Bereich, den nur die geistig Fittesten betreten sollten.

Die Veränderung eines Traums im Überblick

Machen Sie sich Ihr Lebensziel klar. Drückt der Traum Ihr Lebensziel nicht aus, verändern Sie ihn so, dass er es ausdrückt.

Dazu gehört meistens,

- dass man vom Opfer zum Täter wird
- dass der Traum ein Happy End bekommt

Stellen Sie sich den so bearbeiteten Traum mit geschlossenen Augen genau vor. Gelingt Ihnen das nicht, versuchen Sie es mit einer anderen Bearbeitung im Sinne Ihres Lebensziels.

6

Heilträume

Wenn wir uns über unsere Gesundheit
nur halb so freuen könnten,
wie wir uns über jede Krankheit grämen
und Sorgen machen,
wären wir maßlos glücklich.
SIGMUND GRAFF

Zu Beginn unserer Kultur war der Traum das wichtigste Heilmittel. Asklepios, der Heilgott der Griechen (der später von den Römern Äskulap genannt wurde), besaß einen Gehilfen namens Telesphoros, der den Kranken heilende Träume schickte. So einfach war das allerdings nicht, dass man sich nur zum Schlaf betten musste und schon wurde einem der heilende Traum geschickt. Man musste etwas dafür tun. Nun kann man darüber spekulieren, ob es Ausdruck der Institutionalisierung des Heilkults des Asklepios war, dass man dem Kranken eine Wallfahrt und Geld abverlangte. Zweifelsohne verschafften sich die Priester dieses Heilkults mit ihrer Deutung der Träume ein nicht unerhebliches Einkommen. Der Kranke musste sich zu einem der Tempel des Asklepios begeben wie zum Beispiel nach Epidauros (Peloponnes, am Saronischen Golf) oder zur Insel Kos (einer Insel im Ägäischen Meer) und sich dort bestimmten rituellen Reinigungen unterziehen. Danach wurde er ins *Abaton*, den Schlafsaal, geleitet und auf die *Kline*, die Schlafbank, gelegt. Alles wurde von den Priestern derart inszeniert, dass die Wahrscheinlichkeit, einen Heiltraum zu empfangen, recht groß war. Zur Inszenierung gehörten die Schlangen, die in der Nähe des Schlafsaals gehalten wurden, und dass die Erwartung des Heilungssuchenden konsequent daraufhin ausgerichtet wurde, einen Heiltraum zu empfangen. Das nennt man »Trauminkubation«, was bedeutet, dass der Empfang eines bestimmten Traums vorbereitet wird. Die im vorigen Kapitel beschriebene DreamCreativity©-Methode nutzt im Grunde ebenfalls die Trauminkubation, indem sie durch die Bearbeitung des Traums und seine Visualisierung vor dem Einschlafen bestimmte Träume hervorruft.

Die Träumer und Träumerinnen wurden nach dem Traum von den Priestern geweckt, die sich mit ihnen über ihren Traum unterhielten und danach eine verpflichtende Spende annahmen. In dieser Beziehung besaßen die Priester eine unbeugsame Autorität. Es ist eine Geschichte von einem Blinden überliefert, der sich nach dem Traum ohne Bezahlung aus dem Schlafsaal wegstahl. Er hatte einen Heiltraum empfangen, der sein Augenlicht wiederherstellte, aber einige Tage danach erblindete er wieder. In seiner Verzweiflung kehrte er zum Heiltempel zurück, bezahlte vorab, träumte und wurde für immer geheilt.

Inschriften und spärlichen Berichten zufolge träumten die Kranken zumeist ihre Kur. Dennoch benötigten Sie augenscheinlich die Priester, die ihnen vermittelten, wie die Krankheit zu überwinden sei. Jedoch träumten sich nicht wenige Kranke direkt gesund, wie der zahlungsunwillige Blinde. Das erinnert mich an meine erste psychoanalytische Behandlung, in die ich mich wegen eines höchst unangenehmen Problems mit meinem Knie begab. Kein Arzt konnte etwas finden und so ging ich in meiner Not zu einer berühmten Analytikerin, die selbst noch bei C. G. Jung gelernt hatte. Vor der ersten Sitzung träumte ich von meinem Knie. Die Analytikerin hörte sich aufmerksam meine Traumerzählung an und forderte mich dann auf, niederzuknien und für meine Gesundheit zu beten. Ich fand das völlig absurd, hatte jedoch gelernt, ehrwürdigen alten Damen zu folgen. Ich kniete nieder. Sie sprach das Wort »Demut« aus. Ich weinte etwa eine halbe Stunde lang und der Schmerz im Knie ist bis heute nicht zurückgekehrt. So etwa stelle ich mir die vielen Heilungen in Epidauros oder auf Kos vor.

Über die eigene Gesundheit träumen

Überhaupt aber beruhen neun Zehntel
unseres Glückes allein auf der Gesundheit.
Mit ihr wird alles eine Quelle des Genusses,
hingegen ist ohne sie kein äußeres Gut,
welcher Art es auch sei, genießbar.
ARTHUR SCHOPENHAUER

Nachdem ich tausende von Träumen gehört habe, glaube ich, dass wir häufig über unsere Gesundheit träumen. Leider erkennen wir das selten. Zunächst ist natürlich jeder Traum ein Heiltraum, weil er uns wieder in Harmonie zu bringen sucht. Aber auch in spezifischerer Weise heilen Träume, indem Sie uns Hinweise auf eine gesündere Lebensführung geben. Die Traumkraft spürt früher als unser Bewusstsein, was in unserem Körper abläuft. Ich habe viele Träume gehört, in denen Kranken ein innerer Heiler erschien, der ihnen Anweisungen gab, wie sie sich stabilisieren oder heilen können. Es gibt eine physiologische Intelligenz in uns, die im Traum häufig als ältere, weiß angezogene Person erscheint, um uns Ratschläge zu geben. Solche Heilträume werden besonders durch die Einnahme homöopathischer Mittel oder durch Blütenessenzen wie Bach-Blüten oder Kalifornische Blütenessenzen begünstigt.

Wenn Sie von Symbolen aus dem Bereich des Heilens wie Arztpraxen, Apotheken und Krankenhäusern, von Mitgliedern von Heil- und Pflegeberufen träumen, befragen Sie diesen Traum daraufhin, ob er Ihnen Hinweise für Ihr Wohlbefinden gibt. Solch ein Traum kann Ihnen auch in Bezug auf Ihr mögliches Helfersyndrom die Augen öffnen.

Die Sensibilität unserer Träume für unsere körperlichen

Zustände zeigt sich deutlich am Zustand der Schwangerschaft. Es handelt sich hierbei zwar nicht um eine Krankheit, aber um einen veränderten Körperzustand, der von unseren Träumen sogleich registriert wird. In vielen wissenschaftlichen Untersuchungen konnte nachgewiesen werden, dass Frauen, selbst wenn sie nicht wissen, dass sie schwanger sind, häufig von Wasser träumen, das von kleinen Fischen oder Kaulquappen bevölkert wird. Ebenfalls scheint das Bild der Waschmaschine gefüllt mit Wäsche für diesen Zustand typisch zu sein.

Es hat bis in die heutige Zeit hinein speziell in Indien stets Ärzte gegeben, welche die Traumsymbolik auf die einzelnen inneren Organe beziehen. Da der Traum den Energiefluss im Körper verbildlicht, ist das sogleich einsehbar. Wahrscheinlich schwingt bei jedem Traum vom Wasser eine Information in Bezug auf unseren inneren Energiefluss mit. Feuer kann unter anderem auf entzündliche Erkrankungen bezogen werden. Gifte weisen auf die Leber hin und Kämpfe im Traum können auf unser Abwehrsystem bezogen werden.

Meiner Beobachtung nach kann speziell bei schweren oder chronischen Erkrankungen der Traum selbst als Medizin angesehen werden. Er vermag den Kranken derart zu berühren, dass dieser seinen Lebensstil wandelt oder zu tiefen Einsichten in seine unbewusst selbstzerstörerischen Tendenzen gebracht wird.

Über die Gesundheit anderer träumen

Ein Arzt kann die Krankheit,
nicht jedoch das Schicksal bessern.
Chinesisches Sprichwort

Der berühmte römische Arzt griechischer Herkunft Galen (129–199) behauptete von sich, die Behandlung seiner Patienten zu erträumen. In letzter Zeit war es Rudolf Siener (1922–1993), der Schöpfer der punktuellen Schmerz- und Organtherapie, der die Idee zu seiner Therapieform im Traum bekam. Ich selbst habe ebenfalls die Erfahrung gemacht, dass man die Kur seiner Klienten erträumen kann. Um solch einen Traum muss man jedoch bitten, wie mir scheint.

Als ich in Findhorn lebte und im dortigen Heilzentrum mit Bach-Blütenessenzen zu heilen suchte, kam eines Tages ein Patient zu mir, den ich vom Schema der Bachblüten her nicht einordnen konnte. Wie ich es drehte und wendete, es machte keinen Sinn. Selbst der kinesiologische Muskeltest (nach John F. Thie) machte widersprüchliche Angaben und Pendeln war mir nun doch zu abgelegen, zumal der Klient als Naturwissenschaftler diese Methode als völlig verrückt ablehnte. Ich überschlief die Behandlung erst einmal.

In der Nacht träumte ich, dass ich im Kerker von Flaschen umgeben war, mit denen ich ein magisches Mittel herstellen musste, das wie der Trank des Miraculix aus Asterix und Obelix mir unendliche Kräfte geben würde. Gelänge mir der Zaubertrank nicht, würde ich geköpft werden. In dieser Gefahr nahm ich ängstlich ein Gefäß, in das ich aus jeder Flasche vorsichtig einen Tropfen gab, alles vermischte und es dann trank. Kaum hatte ich es geschluckt, flog ich durch das Dach des Kerkers und war gerettet.

Bereits als ich diesen Traum am anderen Morgen niederschrieb, war mir klar, dass ich dem Patienten völlig unkonventionell von jeder der Blütenessenzen einen Tropfen geben sollte. Diese Behandlung wirkte Wunder.

Allerdings können Sie hier auch sehen, dass dieser Heiltraum nicht nur auf die Kur des Patienten zu beziehen zu war. Er sprach auf einer anderen Ebene zugleich meine persönlichen Probleme an: Der Kerker symbolisierte meine eigene Vorstellungswelt, mit der ich mich beschränkte. Ich wälzte als Intellektueller die einschlägigen Bücher, statt meiner eigenen Intuition zu vertrauen. Würde ich der nicht folgen, müsste mir mit Gewalt der Kopf abgeschlagen werden, der mich zu jener Zeit behinderte. Wie so häufig war der Traum für mich also ebenfalls ein Heiltraum, da ich in dieser Zeit befürchtete, all mein Wissen vergessen zu können, was durch den Vater meiner damaligen Freundin hervorgerufen wurde, der in kürzester Zeit durch die Alzheimer Krankheit vom genialen Professor zum hilflosen Kind regredierte.

Ende des neunzehnten Jahrhunderts sammelte ein deutscher Arzt unter dem Pseudonym Philander medizinische Märchen, die als kollektive Träume über die Gesundheit angesehen werden können. In diesen Märchen behandelt die Fantasie, die auch unsere Träume produziert, orthopädische und dermatologische Probleme sowie solche, die Bereiche der Chirurgie, Hygiene und Diagnose betreffen. Der Schweizer Arzt Professor C. A. Meier (geb. 1905) sammelte fünfzig Jahre später Heilträume der heutigen Menschen und gelangte zu der Überzeugung, dass besonders durch die Wertschätzung des psychischen Aspekts der Krankheit mit Hilfe der Traumbetrachtung körperliche wie seelische Heilungsmöglichkeiten aufgezeigt werden.

Fetisch Gesundheit

Aber die Erhaltung der Gesundheit
zum Geschäft seines Lebens zu machen,
das ist die Sache der müßigen Toren
und Hypochondristen.
Franz Grillparzer

Noch einige allgemeine Überlegungen zum Thema Heilen und Fitness in der heutigen Zeit scheinen mir nötig zu sein: Wir sind seit den neunziger Jahren des vergangenen Jahrhunderts derart gesundheitsbesessen geworden, dass diese Haltung sich bereits dem Krankhaften annähert. Viele Menschen stressen sich, um möglichst fit und gesund zu werden. Diese Absurdität spiegelt sich ebenso bei der Betrachtung unserer Träume wieder. Wer zwanghaft darauf aus ist, in jedem Traum Heilungshinweise zu finden, der wird zu einem eingebildeten Kranken, den Molière (Pseudonym für Jean-Baptiste Poquelin, 1622–1673) so eindrucksvoll auf die Bühne brachte. Es ist eine Ironie des Schicksals, dass Molière auf der Bühne starb, als er den eingebildeten Kranken so überzeugend spielte.

Wenn Sie nicht wirklich krank sind – psychisch oder physisch –, suchen Sie besser nicht nach Heilern, Kuren und anderen Gesundheitstipps in Ihren Träumen. Wenn sie Ihnen nicht ins Auge springen, sind sie für Sie zur Zeit nicht wichtig. Bedenken Sie, dass wir sowieso alle Neurotiker sind und gewisse Abweichungen selbst von der gesundheitlichen Norm Ihre Individualität ausmachen. In der Beschäftigung mit Ihren Träumen ist ein »gesundes« Mittelmaß angebracht. Vor extremen Einstellungen warnte bereits Buddha.

Der Heiltraum im Überblick

Bei Menschen mit gesundheitlichen Problemen stellen sich häufig Heilträume ein. Man kann sich diese Heilträume auch bestellen.

Folgende Symbolik ist typisch für den Heiltraum:

- Heiler und Ärzte, die oft als weiß gewandete, ältere Personen auftreten
- Symbole aus dem Bereich der medizinischen Praxis, des Krankenhauses und der Apotheke
- Traumsituationen, die eine Veränderung des Lebensstils symbolisieren

Nur wenn einen größere gesundheitliche Probleme einschränken, sucht man in seinen Träumen nach Hinweisen auf Heilung.

Wer selbst heilerisch tätig ist, kann um Heilträume für seine Patienten bitten. Dies ist als eine spezielle Form der Trauminkubation anzusehen, die im folgenden Kapitel genauer betrachtet wird.

7

Die Trauminkubation

Die Inkubationsphase einer Idee:
In dieser Phase sind ungewöhnliche Verknüpfungen
besonders häufig.
MIHALY CSIKSZENTMIHALYI

Wir sahen es schon beim Heilkult des Asklepios und bei der DreamCreativity©-Methode: Man kann sich einen Traum zu einem bestimmten Thema bestellen. Das ist nützlich, um Problemsituationen in einem anderen Licht zu betrachten und zu behandeln. Gerade sprachen wir von der Krankheit. Wäre es nicht wünschenswert, wenn wir uns einen Traum zu deren Heilung bewusst bestellen könnten? Und wer träumt nicht davon, seine Problemlösungen per Traum zu bestellen? Dieser Wunsch zeigt sich anschaulich in der Geschichte von den Kölner Heinzelmännchen, die über Nacht alle Arbeit erledigen und die anliegenden Probleme lösen. Diesen Traum hat leider die neugierige Schneiderfrau mit ihrem Erbsentrick zunichte gemacht.

»Sich einen Traum zu einem bestimmten Problem zu bestellen, das ist doch wirklich abgehobene Spinnerei!«, empören sich viele, die zum ersten Mal von dieser Idee hören. Wir haben das Konzept, dass wir unseren Träumen willenlos ausgeliefert sind und nichts dagegen unternehmen können. Damit geben Sie die Verantwortung für Ihre nächtlichen Erlebnisse völlig ab. Immerhin befinden Sie sich mit dieser Einstellung in konservativster Gesellschaft. Schon Aristoteles (384–322 v.u.Z.)

schickte Dankgebete zu seinem Gott, dass er nicht für seine Träume verantwortlich ist. Was wird er wohl geträumt haben?

Seit der Antike hat sich das Individuum zunehmend von der Natur emanzipiert. Heute möchten wir unser eigenes Leben und unser Traumleben selbst in die Hand nehmen. Das ist möglich und kann sinnvoll sein, wenn wir vor den Gefahren dieses Ansinnens nicht die Augen verschließen. In einer Welt, in der zielgerichtetes Handeln zur höchsten Tugend erhoben wurde, ist die Macht über die Träume nicht gerade als eine Befreiungstat anzusehen. Sie entspricht dem Zeitgeist. Auf der anderen Seite setzt der Mensch stets ein, was er entwickelt oder entdeckt hat. Es geht daher letztendlich darum, diese Technik sinnvoll anzuwenden. Das heißt man sollte nicht nur noch einseitig den Inhalt all seiner Träume autoritär bestimmen, sondern auch noch »normal« träumen und sich so von seinen Träumen überraschen lassen.

Wenn Sie jedoch ein Problem bedrückt, das Sie bewusst nicht lösen können, bestellen Sie sich einen Traum dazu. Wenn Sie Ihr Verhalten ändern wollen, probieren Sie es im Traum aus.

Wie macht man das? Der einfachste und zugleich bequemste Weg ist die Affirmationstechnik. Sie nehmen sich vor, einen Traum zu einem bestimmten Thema zu bekommen und diesen zu behalten. Das formulieren Sie in einem positiven Satz, als ob es schon geschehen ist. Zum Beispiel könnten Sie sich sagen: »Kommende Nacht sehe ich meine Beziehung in einem neuen Licht. Leicht und mühelos behalte ich diesen Traum.« Wichtig ist, dass die Affirmation etwas hervorrufen soll, das Ihnen wirklich am Herzen liegt. Die Lottozahlen oder Börsenkurse werden Ihnen durch die Affirmationstechnik wahrscheinlich nicht im Traum geschenkt werden. Ihr Unbewusstes muss es sinnvoll finden, dass Ihnen dieser Wunsch durch einen Traum erfüllt wird und leider oder glücklicherweise ist unser Unbewusstes nicht materialistisch eingestellt.

Mit folgenden Schritten können Sie einen Traum zu einem bestimmten Thema hervorrufen und bearbeiten:

1. Sie haben sich mit dem Thema ausführlich beschäftigt. Sie schöpfen erst alle anderen konventionellen Mittel aus, ehe Sie zur Inkubation eines Traums greifen.
2. Machen Sie sich bewusst, dass Sie in Ihr Unbewusstes eingreifen. Fragen Sie sich, ob Ihre Seele Ihnen das erlaubt – oder geht es um den Willen zur Macht? Rein egoistische Wünsche wird Ihr Unbewusstes nicht annehmen.
3. Entwickeln Sie eine entsprechende Affirmation, die Sie sich aufschreiben.
4. Wiederholen Sie diese Affirmation dreimal täglich wortwörtlich.
5. Beziehen Sie am anderen Morgen alle Träume, an die Sie sich erinnern können, nur auf Ihre Affirmation.
6. Gehen Sie fünf Tage lang so vor und seien Sie geduldig, denn Ihr Unbewusstes reagiert oft nicht auf der Stelle.

Sie benötigen etwas Übung mit dieser Technik, die sich für Ungeduldige und autoritär eingestellte Menschen wenig eignet. Der Vorteil des bestellten Traums liegt auf der Hand: Sie sehen Ihre Probleme in einem neuen Licht, was Ihnen bessere Entscheidungsmöglichkeiten liefert. Geben Sie sich jedoch keinen Illusionen hin, der Traum nimmt Ihnen nicht die Entscheidung ab. Er hilft Ihnen nur, sich einfühlsamer zu entscheiden. Die Entscheidung treffen Sie – und hoffentlich bewusst.

Ferner können Sie im Traum neue Handlungsweisen ausprobieren. Ich beschrieb weiter oben, dass es günstig ist, in seinen Träumen vom Opfer zum Täter zu werden. Träumen Sie sich immer als passives Traum-Ich, so können Sie sich nun einen Traum bestellen, in dem Sie aktiv handeln. Das überträgt sich mit der Zeit auf Ihr Leben. Spezialisten nennen das den Transfereffekt des Traums. Wenn Sie in Ihren Träumen oft der Verlierer sind, machen Sie sich zu einem Gewinner und Ihr Leben wird leichter werden.

Affirmationen werden in unserer Gesellschaft meistens sprachlich formuliert. Wer mehr optisch veranlagt ist und wem die Bilderwelten nahe stehen, der kann sich Träume zu einem bestimmten Thema durch eine bildhafte Affirmation bestellen. Visualisieren Sie vor dem Einschlafen möglichst im Detail, wie Sie morgens erwachen und sich an einen oder mehrere entsprechende Träume erinnern, sie aufschreiben und bearbeiten. Diese Art der Affirmation ist nur für visuell orientierte Menschen geeignet.

Sie können sich ferner einen Traum zu einem bestimmten Problem bestellen, indem Sie abends vor dem Einschlafen die Träume der vergangenen Tage visualisieren und schauen, ob diese etwas zur Lösung Ihres Problems beitrugen. Damit geben Sie Ihrem Unbewussten den Impuls, sich mit Ihrem Problem zu beschäftigen. Auch bei diesem Vorgehen ist es notwendig, sich am anderen Morgen den Traum oder die Träume, an die Sie sich erinnern, nur unter dem Aspekt Ihres Problems anzuschauen. Das allein verstärkt bereits das weitere Erscheinen von Träumen zu diesem Problem.

Spirituell eingestellten Menschen fällt es oft leicht, demütig um etwas zu bitten. Wer in der rechten Haltung bittet, dem wird gegeben. So verhält es sich auch beim Umgang mit den Träumen. Sprechen Sie zum Beispiel abends ein Gebet, in dem Sie Gott, Buddha, Allah oder an wen Sie glauben, um einen hilfreichen Traum bitten. Dieser Bitte wird oft stattgegeben. Um diesen Effekt zu verstärken, bedanken Sie sich stets dafür, wenn Ihnen eine traumhafte Hilfe zuteil wurde.

Statt zu beten, kann man vor dem Einschlafen auf sein Problem meditieren. Das bedeutet, dass man sich mit aller Kraft, möglichst ohne abzuschweifen, auf dieses Problem konzentriert und alle Bilder, Gedanken und Ideen dazu hochkommen lässt, ohne sie zu bewerten. Man beobachtet nur, was während der Meditation geschieht. In der Nacht, wenn Ihr Wille geschwächt ist, wird Ihr Unbewusstes diese Meditation weiterführen und Ihnen oft inspirierende Einsichten vermitteln.

Die meditative Traumbestellung wirkt am besten bei Personen, die im Alltagsleben regelmäßig meditieren oder zumindest bestimmte Bewusstseinsübungen durchführen. Wer mit solchen

Techniken keine Erfahrungen besitzt, der wird eher das Gebet wählen, das in unserer Kultur jedem geläufig ist.

Die Welt der Träume und Fantasien spricht gut auf Rituale an. Sie erinnern sich an den volkstümlichen Ratschlag, sich abends das entsprechende Buch unters Kopfkissen zu legen, wenn man etwas lernen möchte, das einem schwer fällt. Es wäre naiv anzunehmen, dass das Buch unter dem Kopfkissen nachts von Ihrem Unbewussten gelesen wird. Was wirkt hier also? Es ist die Haltung, dass man dieses Buch durch das Ritual ernst nimmt und sich so darauf einstellt, sich mit seinem Wissen genauer auseinander zu setzen. Das Buch und dessen Inhalt wird geehrt und dadurch die innere Einstellung zum Lernen verändert. Genauso können Sie Ihre innere Einstellung zu der Lösung eines Problems durch ein kleines Ritual verändern: Abends vor dem Einschlafen schreiben Sie Ihr Problem, zu dem Sie sich einen Traum wünschen, auf ein Stück Papier, das Sie unter Ihr Kopfkissen legen. Dann deponieren Sie am besten noch Papier und Bleistift neben Ihrem Bett und schlafen wohlgemut ein. Wenn Sie dieses kleine Ritual bewusst und konzentriert durchgeführt haben, wird Ihr Unbewusstes dies wie eine Bitte um einen Traum zu Ihrem Problem auffassen und entsprechend reagieren.

Solch ein Traumritual wirkt nur, wenn man es ernst nimmt. Sich »mal eben sein Problem aufschreiben und den Zettel schnell unters Kopfkissen legen« wird wenig Wirkung zeigen. Je häufiger Sie Ihr Alltagsleben mit kleinen Ritualen gestalten, desto größer wird die Wahrscheinlichkeit, dass Sie damit einen Traum inkubieren können.

Der englische Magier und Okkultist Aleister Crowley (1875–1947) wurde von seinem Lehrer, dem Maler Osman Spear darauf hingewiesen, dass Rituale besonders dann zielgerichtet wirken, wenn man sie künstlerisch gestaltet. Wenn Sie also das Problem, zu dem Sie einen Traum inkubieren möchten, nicht nur einfach aufschreiben, sondern es in ästhetischer Weise gestalten, so wirkt das sicherlich stärker. Sie können es zum Beispiel kalligrafisch gestalten oder in verschiedenen Farben aufschreiben. Sie können es zu einem Symbol komprimieren oder versuchen, es grafisch oder als Skizze darzustellen. Ihrer Fantasie sind hierbei keine Grenzen gesetzt. Wichtig ist einzig die individuelle Gestaltung, die Ihrem Ritual Durchschlagskraft verleiht. Alle magischen Gruppen empfahlen ihren Mitgliedern solche Rituale, um ihr Unbewusstes anzusprechen und zu wandeln. Probieren Sie es eine Woche lang aus. Sie werden dann sehen, ob dies Ihr Weg ist, die Inhalte Ihrer Träume zu beeinflussen.

Die Erfahrung zeigt, dass ordentlichen Menschen oder Personen mit zwanghaften Tendenzen – Freud nannte diese Personengruppe »analfixiert« – diese Technik der Trauminkubation leicht fällt.

Die Trauminkubation im Überblick

Trauminkubation bedeutet, Träume zu einer bestimmten Problematik hervorzurufen.

- Das Problem, zu dem ein Traum bestellt wird,
- muss Sie emotional berühren
- darf keine anderen Menschen schädigen
- sollte nicht Ihren Egoismus verstärken

Es gibt Techniken, sich Träume zu einem bestimmten Thema zu bestellen:

- Affirmation: einfachste Technik, die auf zwei Weisen effektvoll genutzt werden kann.
  a. Verbal: Man drückt das Thema des gewünschten Traums sprachlich kurz und möglichst prägnant aus.
  b. Visuell: Man stellt sich bildlich vor, wie man morgens aufwacht und sich an den entsprechenden Traum erinnert (diese Technik empfiehlt sich nur für visuell ausgerichtete Menschen).
- Traumbetrachtung: die Betrachtung der Träume der letzten Zeit vor dem Einschlafen.

- Bitte: wird mit demütiger Haltung vollzogen.
  a. Gebet: empfiehlt sich speziell für Menschen, für die das Beten zum Alltag gehört beziehungsweise die einen positiven Bezug dazu haben.
  b. Meditation: setzt Meditationserfahrung im Alltagsleben voraus.
- Ritual: eine als Zeremonie durchgeführte Handlung, die sich speziell für Menschen mit zwanghaften Tendenzen eignet.

Bestellen Sie nicht fortwährend Träume, da Sie sonst Ihrem Unbewussten die Chance nehmen, Ihnen gerade das zu zeigen, was Sie nicht sehen möchten.

8

Vorausdeutende Träume – Zeit im Traum

In der Welt der Quantenphysik
gibt es letztendlich keine Zeit,
weder ein Vorher noch ein Nachher
und die Frage nach dem Wann
spielt keine Rolle.
MALCOLM GODWIN

Sie träumen etwas voraus – keine Angst! Beinahe jeder Traum sagt meiner Erfahrung nach etwas über die Zukunft aus. Da wir normalerweise jedoch nicht davon ausgehen, dass die Zukunft vorausgesehen werden kann, nehmen wir diese Voraussagen meistens nicht wahr. Wir pflegen für gewöhnlich nur das wahrzunehmen, was wir erwarten.

Ob ein Traum den Blick in die Zukunft gewährt, ist erst im Nachhinein – also wenn das Ereignis eingetreten ist – zu sagen. Im Gegensatz zur landläufigen Meinung sieht man Träumen ihre Voraussicht nicht an und was ein Traum voraussagt, ist für den Träumer meistens nicht wesentlich. Eine Ausnahme stellt der seltene Warntraum dar. Dieser macht durch eine besondere Qualität auf sich aufmerksam: Er ist oftmals optisch überscharf und wird nicht wie der übliche Traum schnell vergessen. Dazu kommt das untrügliche Gefühl des Träumers, dass dieser Traum ihn warnt. Aber wie gesagt, Warnträume sind selten. Das scheint uns nur deswegen nicht so zu sein, da aus der Historie viele

Warnträume überliefert sind. Caesars Ermordung (44 v.u.Z.) wurde beispielsweise angeblich von vielen Menschen vorausgeträumt. Aber ob seine Frau Calpurnia wirklich die Tat des Brutus vorausträumte oder sich erst später diesen Traum einbildete, kann nicht mehr geklärt werden. Mit angeblich vorausweisenden Träumen war es nämlich vom Altertum bis ins ausgehende Mittelalter hinein üblich, Politik zu betreiben. Fast jeder Feldherr, der in den Krieg zog, zitierte spätestens in der Ansprache an seine Soldaten vor der Schlacht, dass ein Gott ihm im Traum erschienen sei, der ihm ein untrügliches Zeichen gab, dass er siegen würde. Träume wurden in der damaligen politischen Propaganda reichlich genutzt. So verhält es sich auch mit den Träumen der Bibel, die zum Beispiel Nebukadnezar, den König von Babylon, als Baum darstellen, der gefällt wird. Auf diese Weise diskriminierte man für gewöhnlich erstaunlich erfolgreich seine Konkurrenten.

Echte oder unechte Warnträume zeichnen sich durch große Nutzlosigkeit aus. Es geht dem Vorausträumenden wie der Seherin Kassandra (der Tochter des Königs Priamos von Troja), der keiner glaubte, dass die Griechen Troja durch ein Pferd einnehmen würden. Es hält sich keiner an solche Warnungen, was verständlich ist, denn viel zu viele »normale« Träume wurden als Warnträume oder Wesentliches vorausdeutende Träume ausgelegt, bei denen das Unglück oder die angesprochene Situation nie eintraf.

Dass Menschen geneigt sind, die Voraussagekraft der Träume einseitig zu betonen, liegt zum großen Teil daran, dass der Laie oft den Traumtext nicht symbolisch liest. Wenn einer von einem Unfall träumt, ist er häufig eher geneigt, vor einem Unfall Angst zu haben, als sich die Symbolbedeutung des Unfalls anzuschauen. Der Unfall im Traum ist meistens ein Symbol der Schwierigkeiten und Probleme, denen man sich nicht gewachsen fühlt. Er drückt eine Selbstbestrafungstendenz aus oder das Gefühl, dass das eigene Leben oder eine bestimmte Lebenssituation außer Kontrolle gerät. Häufig ist er auch ein Ausdruck von unterdrückter Wut. Immer schwingt bei diesem Symbol die Warnung vor Unaufmerksamkeit mit. Kurzum, der Unfall spricht etwas an, das man sich gar nicht gern anschaut. Wer möchte schon als wütend, hilflos, unaufmerksam und problemüberfordert erscheinen?

Dennoch, Träume beinhalten zweifelsohne eine Art der Hellsichtigkeit. Sie können Symbole verwerten, die dem Träumer später begegnen. Sie träumen beispielsweise von einer hellen Hausfassade, deren Fensterrahmen blau gestrichen sind. Ein paar Tage später fahren Sie auf einer Geschäftsreise genau an dieser Fassade mit den Fensterrahmen in exakt diesem Blauton vorbei. Natürlich ist dieser Traum, den eine Klientin von mir berichtete, symbolisch zu deuten. Es geht um die Persona, die Fassade, hinter der sich die Träumerin versteckt, wenn berufliche Anforderungen an sie gestellt werden. Mit den blauen Fensterrahmen zeigt sich ihr Gefühl und die Möglichkeit der Verbindung zu ihrem Inneren.

Der Traum ist typisch: Er nimmt etwas Konkretes voraus, das aber als solches für die Träumerin nicht wichtig ist. Wahrscheinlich ist ihr die Fassade nur durch diesen Traum aufgefallen, um sie nochmals an dessen Aussage zu erinnern. C. G. Jung hätte in diesem Fall von einem Synchronizitätsphänomen gesprochen. Mit seinem Freund, dem Physiker und späteren Nobelpreisträger Wolfgang Pauli (1900–1958), kam Jung darauf, dass es bisweilen gleiche Phänomene gibt, die nicht ursächlich miteinander verbunden sind. Es wird nicht von dieser Fassade geträumt, weil sie zuvor gesehen wurde. Die Fassade wurde für die Träumerin real, weil sie von ihr zuvor geträumt hatte. Ursache und Wirkung haben sich verkehrt: Stellen Sie es sich so vor, dass die später gesehene Fassade den Traum hervorrief. Das fällt Ihnen wahrscheinlich schwer. Modernen Physikern, die in der Relativitätstheorie und Quantenphysik zu Hause sind, macht das keine Schwierigkeiten, den Mystikern auch nicht. Dass die Zeit rückwärts von der Zukunft in die Vergangenheit laufen kann, besagen nicht nur postmoderne Theorien über Paralleluniversen, sondern das wusste schon die keltische Mythologie, die in der Figur Merlins einen Zauberer gestaltet hat, der von der

Zukunft in die Vergangenheit lebte. Er lebte also rückwärts in der Zeit und war so mit der Vorausschau gesegnet (oder bestraft?).

Ganz unfassbar ist für uns »zeitgeplagte« Menschen, dass in den Sprachen der australischen Ureinwohner (der Aborigines) – wie im Traum – weder Zeit noch Geschichte eine konkrete Rolle spielen. Es gibt zwar die Vorstellung »vor langer, langer Zeit ...«, die unserem »es war einmal ...« entspricht, aber eine weitere zeitliche Differenzierung scheint auf dieser Ebene uninteressant zu sein. Wir wissen häufig nicht, was vorher und was nachher war, wenn wir uns an einen Traum erinnern; das scheint für die Ebene des Traums nicht wesentlich zu sein. Ursprünglich spielt sich jeder Mythos im zeitlosen Raum ab und der Traum ist die persönliche Form des Mythos.

Zeit ist eine Illusion

Was ist die Zeit?
Und die lösende,
nicht lösende Kinderantwort,
Staunensantwort kommt dazu:
Die Zeit eine Uhr ohne Ziffern.
Ernst Bloch

Ich möchte Sie nun zu einer Vorstellungsreise in ein atemberaubendes Konzept einladen, das besagt, dass die Zukunft darüber entscheidet, was in der Gegenwart geschieht. Wenn das der Fall ist, dann sind vorausweisende Träume erklärbar. Im Traum schalten wir unser Bewusstsein wie ein Radio auf einen anderen Sender um, der die Impulse aus der Zukunft einliest – wir hören sozusagen die Nachrichten aus dem Morgen und Übermorgen.

Der englische Astronom Fred Hoyle (geboren 1915) hat sich seit etwa 1940 besonders ausgiebig mit der Zeit aus dem Blickwinkel der Einsteinschen Relativitätstheorie beschäftigt. Er geht von einer quantenmechanischen Theorie der parallelen Welten aus, die durch den amerikanischen Physiker John Archibald Wheeler (geboren 1911) bekannt geworden ist. Danach kann man sich unser Universum wie eine geschichtete Landschaft vorstellen, in der es verschiedene Ebenen gibt: Da haben wir eine Wiese, darunter die Erde und dann die verschiedenen Gesteinsformationen. Alle diese Ebenen stellen eigenständige Universen dar. Jedes dieser Universen besitzt seine ihm charakteristische zeitliche Ordnung. In dem Universum, das wir als »unsere Realität« zu bezeichnen pflegen, läuft die Zeit linear von der Vergangenheit über die Gegenwart in die Zukunft. In anderen Universen gibt es andere Zeitverhältnisse wie beispielsweise die zyklische Zeit oder die Zeit, die von unserem Standpunkt aus rückwärts läuft.

Die Realität, die wir im Traum wahrnehmen, ist nicht nur ein Universum, sondern die Überlagerung vieler Universen. Das bedeutet, dass die verschiedenen Schichten unserer »Universenlandschaft« durchscheinend gedacht werden müssen. Wir können erahnen, was in anderen Schichten geschieht oder, um zu unserem Radiobeispiel zurückzukehren, wir können mehrere Sender zugleich einschalten und hören.

Wenn nach Immanuel Kant (1724–1804) Zeit und Raum (unsere Welt) ein Gebilde des menschlichen Geistes ist, hat dieser idealistische deutsche Philosoph bereits im 18. Jahrhundert erfasst, dass unsere lineare Auffassung von der Zeit ein Ordnungssystem darstellt, das der Mensch als Muster in seine Welt hineinprojiziert. Aufbauend auf die Kantsche Idee von Zeit und Raum könnte man die Paralleluniversen als einen Überraum betrachten, der einen Traum des kosmischen Geistes darstellt. Das Universum erträumt sich viele kleine Universen.

Aber zurück zur rückwärtslaufenden Zeit, die voraussagende Träume hervorbringt. Stellen Sie sich ein Universum vor, in dem die Zeit rückwärts läuft, in dem also die Wirkung vor der Ursache liegt wie in dem Fassaden-Traum. Vom Standpunkt des Beobachters aus läuft die Zeit nicht nur rückwärts, sondern er befindet sich zugleich in der vorwärts laufenden linearen Zeit.

Er erkennt also ein System von Zustandsüberlagerungen: Vorwärts und rückwärts laufende Zeit schieben sich übereinander oder durchdringen sich.

Die Quantenphysik geht heute davon aus, dass wir uns diesen Zustand als ein Treffen von zwei Wellen vorstellen können: Eine Welle, die von der Vergangenheit in die Zukunft rollt und eine andere Welle, die sich in der entgegengesetzten Richtung von der Zukunft in die Vergangenheit bewegt. Der Quantenphysiker nimmt also an, dass die Ereignisse, die noch gar nicht eingetreten sind, eine Welle erzeugen und diese Welle wird durch den voraussagenden Traum dekodiert und in Bilder und Symbole umgesetzt.

Mit anderen Worten: Das Gehirn des Träumers stellt sich bei vorausweisenden Träumen automatisch auf zwei Sender zugleich ein: Das eine Programm läuft in unserer gewohnten, das Kontrastprogramm in der rückwärts gerichteten Zeit ab. So kann der Träumer beide Zeiten zugleich überblicken und sein Bewusstsein kann als Produkt der beiden Sender angesehen werden. Da unser Bewusstsein jedoch dieses Diskrepanzerlebnis nicht so leicht verarbeiten kann, da es eine zu große Abweichung von seinem Erwartungshorizont darstellt, wird das vorausweisende Element des Traums bei der Traumerinnerung unterdrückt.

Sigmund Freud ging davon aus, dass unser Bewusstsein bei der Erinnerung an einen Traum sogleich als strenger Zensor auftritt, der eifrig bemüht ist, nur diejenigen Erfahrungen zuzulassen, die in unser Weltbild passen. Mittlere Abweichungen vom Erwartungshorizont des Bewusstseins des Träumers können integriert werden. Zu große Abweichungen werden in der Wahrnehmung unterdrückt, weil nicht sein kann, was nicht sein darf. Und Vorhersagen der Zukunft weichen enorm von unserem cartesianisch geprägten Weltbild ab.

Meiner Theorie zufolge kann das zeitlose Unbewusste unendlich viele Daten aus Zukunft und Vergangenheit einlesen und verarbeiten. Ich denke mir das Unbewusste wie einen Maler, der die verschiedenen Farben kombiniert, um zu einer bestimmten Aussage zu kommen. Stellen Sie sich vor, dass Gelb die Zukunft und Blau die Vergangenheit bedeuten. Der Maler benutzt und mischt diese beiden Farben einzig nach dem Kriterium der klaren Kommunikation. Genauso mischt und kombiniert meines Erachtens unser Unbewusstes Daten aus Zukunft und Vergangenheit, um sie zu einer für uns wichtigen Bedeutung neu zu kombinieren. Diese Kombination ist der Traum, der sowohl »gewöhnliche« als auch voraussagende Aspekte aufweist. Die prophetischen Aspekte werden nur dann erkannt, wenn unser Erwartungshorizont sie zulässt. Der Erwartungshorizont des Träumers ist wiederum von dessen Vorerfahrungen abhängig, so dass man sagen kann, dass ein prophetischer Traum die Wahrscheinlichkeit weiterer vorausweisender Träume erhöht.

Sigmund Freud gab 1935 zu, dass der Traum, der die Sprache des Unbewussten spricht, uns für paranormale Erlebnisse öffnet, und tritt damit der Auffassung des römischen Politikers Cicero (Marcus Tullius Cicero, 106–43 v.u.Z.) entgegen, der voraussagende Träume als reinen Aberglauben abtat. Allerdings, so führte Freud weiter aus, ist die Fähigkeit zur Voraussage im Laufe der menschlichen Entwicklung durch effektivere Kommunikationsmethoden in den Hintergrund gedrängt worden. Das ist verständlich, da wir in unserer heutigen Umwelt ein gewisses Maß an Sensibilität opfern müssen, um die Menge der auf uns einstürzenden Daten effektiv verarbeiten zu können. Das Unbewusste besitzt trotz allem die latente Fähigkeit in bestimmten Bewusstseinszuständen wie dem Traum Voraussagen zu machen. Dem Ich sind jedoch diese Fähigkeiten aufgrund seiner völlig anderen Struktur höchst fragwürdig. Es versucht die Voraussage im Traum zu unterdrücken, da sie seine Ordnung stört.

Alle Erklärungen, die ich Ihnen in diesem Kapitel geboten habe, stellen einen Traum von unserem Universum dar. Sie sind so verständlich oder unverständlich wie jeder Traum und letztendlich nur symbolisch zu verstehen.

Die Voraussage im Traum im Überblick

Die Erfahrung zeigt, dass Träume Ereignisse voraussagen können. Es ist einem Traum nicht anzusehen, ob er voraussagende Qualitäten besitzt.

Die Voraussage von Ereignissen ist eine Ebene unter anderen, die ein Traum aufweisen kann. Diese Ebene ist traumuntypisch, da sie nicht symbolisch zu verstehen ist, sondern das ins Bild setzt, was wirklich so gemeint ist.

Die moderne Physik kann den Blick in die Zukunft des Traums erklären, wobei zu bedenken ist, das solche Theorien wie ein Traum über unsere Wirklichkeit angesehen werden können.

Bei der Traumdeutung lässt man am besten die mögliche voraussagende Qualität des Traums außer Acht, da sie von der tiefenpsychologischen Bedeutung des Traums ablenkt und leicht als Flucht vor der Selbsterkenntnis ausgenutzt werden kann.

9

Tagträume

Dreamer, everybody is a dreamer.
SUPERTRAMP

Der eigentliche Tagtraum

Punkt 3 der Tagesordnung: Der Bericht des Vorstands zum Quartal.

Die Folie wird auf den Projektor gelegt und da ist es um Sie geschehen. Die Sprache tritt angenehm in den Hintergrund. Sie sehen sich den Neuen, den mit den kurzen schwarzen Haaren dort anstarren. Auffordernd lächelnd fängt er Ihren Blick auf und kommt zu Ihnen herüber.

»Victor Temple ist mein Name, schöne Frau!«, stellt er sich mit charmant angedeuteter Verbeugung vor.

»Darf ich neben Ihnen Platz nehmen? Es wäre mir eine Ehre.«

Sie sind sprachlos, stolz und …

»Im dritten Quartal dieses Jahres wurden die Ziele nur knapp erreicht. In folgenden Sektoren …«

So etwas holt einen aus den schönsten Tagträumereien.

Sie verfallen ständig in derartige Tagträume, die Sie unaufmerksam meistens nicht bemerken. Jedes Abschweifen ist als kleiner Tagtraum anzusehen. Auf einer Sitzung von einer Stunde schweifen Sie mindestens fünfzigmal im Land der Träume umher – wie es oben geschah. Sie suchen dort wie oft beim Lesen und Musikhören erotische Abenteuer, sehen sich als Held oder Heldin von der Menge bewundert oder aggressiv, ohne bürgerliche Schlaghemmungen, dem männlichen Bild des Westernhelden folgend.

Wie die nächtlichen Träume stammen unsere Tagträume aus dem Reich der Fantasie, das sich in unserem Unbewussten ausbreitet. Deswegen sind Tagträume grundsätzlich wie nächtliche Träume zu deuten. Ich empfehle Ihnen, einen ganzen normalen Arbeitstag lang einmal auf Ihre Tagträume zu achten und diese zu deuten. Tagträume zu deuten, ist viel einfacher als das Verständnis der komplexeren nächtlichen Träume. Und es hilft Ihnen nicht nur, Ihre nächtlichen Träume besser zu verstehen, sondern Sie werden auch bewusster durchs Leben gehen. Ihnen werden die Macht und die Sprache Ihres Unbewussten klar. Wahrscheinlich werden Sie sich wie jeder, der diese Übung durchführt, über Ihr fehlendes Bewusstsein ärgern. Das ist ein Fortschritt, denn worüber man sich ärgert, das will man ändern. Die Betrachtung der eigenen Tagträume ist der Königsweg zu einem größeren Bewusstsein. Wenn Weisheitslehrer wie der Armenier Georg Iwanowitsch Gurdjieff (1866–1949) vom inneren Monolog sprechen, dann meinen sie diese Tagträume, denn die innere Stimme spricht zu Ihnen mit fantastischen Bildern. Diese Bilder aufzulösen durch Ihr Verständnis, macht Sie frei für höhere spirituelle Erfahrungen – oder um mit Gurdjieff zu sprechen: für die Impulse aus Ihrem höheren intellektuellen und emotionalen Zentrum.

In einigen Punkten unterscheiden sich Tagträume von nächtlichen Träumen. Tagträume sind bewusstseinsnäher und sie sind viel kompensatorischer, das heißt ausgleichender ausgerichtet als die nächtlichen Träume. Schauen wir uns diese kompensatorische Funktion des Tagtraums genauer an. Sie träumen sich attraktiv, wie zu Beginn dieses Kapitels, wenn Sie als Frau keine Bestätigung bekommen haben. Zum Helden oder zur Heldin werden Sie nach Niederlagen, wenn der Schalterbeamte Sie einmal wieder wie den letzten Dreck behandelte oder der Chef Sie gar nicht wahrnahm. Zum aggressiven Schläger wird der Mann, wen wundert´s, nach persönlichen Kränkungen. Ihr Traum ist kompensatorisch, indem er Ihre Niederlagen in Siege verwandelt. Er verwandelt negative Erfahrungen in Positives. Solche Tagträume bringen uns wieder ins Lot und sind zu unserer Psychohygiene unbedingt notwendig. Ohne sie würden wir verbittern oder in tief depressive Zustände verfallen.

Tagträume besitzen also eine positive, kompensatorische Seite, die stets den Ausgleich anstrebt und eine negative, verdrängende Seite, die vor der »bösen« Realität in die Fantasiewelt flüchtet. Indem wir diese Träume bewusst betrachten, lösen wir ihre negative Fluchtseite auf.

Wenn der Ausdruck »Träumer« im Volksmund negativ benutzt wird, dann ist genau dieses Abdriften in kompensatorische Träumereien damit gemeint. Es wird übersehen, dass dies auch eine sinnvolle Eigentherapie ist. Im Grunde verhalten wir uns im Tagtraum wie die mittelalterlichen Alchimisten, die Blei in Gold zu wandeln suchten.

Stieren wir aber hohlen Blickes vor uns hin, mag uns das zwar entspannen, oft bindet es uns aber an unsere Vergangenheit. Dann beginnt der innere Monolog abzulaufen, der stets zurückblickt und alle unsere Wahrnehmungen an unseren Erfahrungen misst. Damit wird uns eine neue Sicht auf uns und unsere Umwelt verstellt. Diese Art der unbewussten Träumerei wird zu Recht angegriffen. Ihr sagten viele spirituelle Lehrer wie Gurdjieff den Kampf an.

Der kompensatorische Tagtraum ist eben nur dann hilfreich, wenn man sich ihn bewusst macht und ihn deutet. Er zeigt einem seine Kränkungen und sein Versagen auf, die man ohne ihn schnell verdrängen würde.

In der kompensatorischen Tagträumerei melden sich unsere starken Ichs zu Wort. Sie sprechen wie im nächtlichen Traum symbolisch. Oftmals suchen sie sich archetypische Bilder aus, um uns ins Lot zu bringen. Der Herrscher, der Held, der Magier, die Hexe und die weise Frau, die Hure und die Heilige sind die Urbilder, mit denen wir uns wieder stabilisieren. Jedes Bild, das im Tagtraum auftaucht, verweist auf sein Gegenbild in unserer momentanen Situation. Das Bild des Tagtraums und sein reales Gegenbild sind zwei Extreme, die uns auffordern, den mittleren Weg zu gehen.

Zwischenbereiche beim Einschlafen

So wenig die Geister den Traum senden,
so wenig ist es das Ich, das träumt.
THEODOR W. ADORNO

Dem Tagtraum verwandt sind die hypnagogen Zustände, jene unfassbaren Zwischenbereiche zwischen Schlafen und Wachen. Sie kennen das: Kurz vor dem Einschlafen, wenn der Körper manchmal unkontrolliert zuckt, laufen lebendige Kurzfilme schnell vor unserem inneren Auge ab. Die Träume während dieser Zustände sind weniger von unserem Bewusstsein kontrolliert als die kompensatorischen Träumereien, aber sie sind zugleich bewusstseinsabhängiger als unsere nächtlichen Träume. Sie sind ein eigenartiges Zwitterwesen, das dem Land des Chaos zu entspringen scheint und doch zugleich diesseitig ist. Dem Bewusstsein erscheinen sie verwirrend unlogisch. Nach diesen Träumen wachen wir meistens noch einmal auf, bevor wir dann in den Tiefschlaf fallen. Aus diesem Grund werden diese Träume leichter behalten als die nächtlichen Träume.

In den Träumen dieses halbwachen und halbschlafenden Zustands treten wir meistens nur als Beobachter auf. Sie erscheinen uns, als ob wir einen schnell laufenden Film betrachten und sie besitzen bisweilen Slapstick-Charakter. Diese Träume zeigen uns, wie unser Geist wandert, wenn das Bewusstsein seine Kontrolle stark vermindert hat. Dies entspricht der Haltung, die wir idealerweise in der Meditation einnehmen. Wer seine hypnagogen Zustände aufmerksam beobachtet, der schult damit zugleich seine meditativen Fähigkeiten. Er kann die Traumbilder laufen lassen und zugleich bewusst Fragen stellen – das einzige Problem liegt darin, nicht zu schnell dem Sog des Schlafs zu erliegen.

Meistens sind diese Träume auffallend handlungsreich: Da wird gelaufen, wild Auto gefahren, es gibt Verfolgungsjagden und alles läuft in atemberaubenden Sequenzen ab, die den Videos von MTV gleichen. Diesen Träumen nähert man sich am besten, indem man die gezeigten Situationen symbolisch betrachtet und über deren Übergang zu neuen Situationen nachsinnt. Den Zusammenhang zwischen den Bildern und Kurzszenen zu ergründen, gibt uns Auskunft darüber, wie unser Geist affengleich von Eindruck zu Eindruck springt. Sie können das positiv betrachten, denn damit werden Ihre Eindrücke verwoben und verbunden. Dieses Springen besitzt allerdings eine Schattenseite. Sie zeigt uns anschaulich, wie unkonzentriert wir sind.

Im Gegensatz zu den anderen Träumen würde ich die Traumeindrücke der hypnagogen Zustände nicht gemäß der Dream-Creativity©-Methode verändern. Der hypnagoge Zustand ist ein Ausdruck des Loslassens und Laufenlassens. Ein Eingriff des Willens ist hier fehl am Platze.

Zwischenbereiche beim Aufwachen

Die nebligen Gebiete zwischen Schlaf und Erwachen
haben ein besonderes Interesse geweckt
wegen ihrer Ähnlichkeit mit meditativen
Zuständen und der Trance.

TIMOTHY LEARY

Wie der hypnagoge Zustand findet der Halbschlaf in einem Grenzbereich zwischen Schlaf und Wachheit statt. Hypnagoge Zuständen erleben wir beim Einschlafen, den Halbschlaf beim Aufwachen. Wir erinnern uns leichter an die hypnagogen Zustände als an den Halbschlaf, da wir oft so plötzlich aufwachen und aufstehen müssen, dass dem Halbschlaf keine Chance gegeben wird. Dennoch sieht der oben zitierte amerikanische Bewusstseinsforscher Timothy Leary den Halbschlaf als ein Tor zu höheren Bewusstseinszuständen an. Sie können das selbst am Wochenende und in den Ferien nachempfinden, wenn Sie nach Herzenslust ausschlafen können. Im Halbschlaf vor dem Aufwachen kommen einem oft die besten Ideen. Lang gesuchte Problemlösungen fallen einem zu oder man beginnt seine aktuelle Situation illusionslos zu erkennen.

Die feinen Gebilde des Halbschlafs besitzen jedoch weniger einen bildhaften Charakter wie der Traum, sondern sie äußern sich eben darin, dass einem plötzlich etwas einfällt. Man bekommt eine Idee, die sich oft sprachlich mitteilt. Wahrscheinlich gingen dem traumhafte Bilder voraus, an die man sich aber nur selten erinnern kann.

Inder wie Maharishi Mahesh Yogi (Gründer der Transzendentalen Meditation, geboren 1918) empfehlen dem Schläfer, den Zustand des Halbschlafs möglichst lange auszuweiten, denn in diesem Zustand erkennt man bewusst, dass man schläft. Wer sein Bewusstsein reinigen möchte, der hält es auch im Schlaf aufrecht. Ich würde diese Ansicht als streng patriarchalisch bezeichnen: Das höchste Ziel ist die Aufrechterhaltung der Bewusstseinsklarheit. Man könnte dem mit weiblicher Logik entgegensetzen, dass es gerade im Traum darauf ankommt, sich den Strömen des Unbewussten hinzugeben und auszuliefern.

Der Tagtraum im Überblick

Jede Form des Tagtraums äußert sich symbolisch und kann deswegen wie ein nächtlicher Traum gedeutet werden.

Tagträume treten in drei unterschiedlichen Weisen auf:

- als kompensatorischer Tagtraum
- als hypnagoger Zustand
- als Halbschlaf

Beim Deuten des kompensatorischen Tagtraums wird besonders darauf geachtet, wie die reale Situation und der Tagtraum sich zueinander verhalten. Versuchen Sie die Mitte zwischen diesen beiden Extremen zu finden.

Beim hypnagogen Zustand wird bei der Deutung besonders der Übergang von einer Situation zur anderen betrachtet. Werden Sie sich bewusst, was alles Ihr Bewusstsein bewegt und stört.

Der Halbschlaf stellt ein Tor zu höheren Bewusstseinszuständen dar. In ihm wird man häufig inspiriert.

10

Der Mittagsschlaf

Wie etwas sei leicht
Weiß der es erfunden und der es erreicht.
GOETHE

In allen heißen Ländern gilt der Mittag als die Geisterstunde. Das ist die Zeit der Siesta. Dösend und schlummernd öffnet man die Pforten seines Unbewussten und gibt sich den Bildern der Anderswelt hin.

Wenn Sie sich den Mittagsschlaf leisten können, haben Sie es wahrscheinlich gemerkt: Der Mittagsschlaf ist traumreich. Das liegt daran, dass wir zur Mittagszeit (meistens ist es die frühe Nachmittagszeit) unruhiger schlafen und zugleich häufiger durch die Tagesgeräusche gestört werden. Störungen des Schlafs begünstigen die Traumerinnerung, deswegen werden diese Träume für gewöhnlich viel besser behalten als die nächtlichen. Ein wenig ähneln diese Träume der laszіven Nachmittagszeit jenen aktionsreichen Traumgebilden, die wir vom hypnagogen Zustand her kennen. Aber was wissen wir schon vom Traum selbst? Wir bekommen stets nur den durch die Erinnerung bearbeiteten Traumtext. Unsere Erinnerung ist es, die Zusammenhänge schafft, die wie ein Schriftsteller aus den Bildern und Ideen eine Handlung spinnt. Vielleicht ähneln sich alle Träume, ob sie nun in der Nacht, nachmittags oder vor dem Einschlafen geträumt werden. Der wesentliche Unterschied mag einzig und allein in ihrer Erinnerung liegen. Aktionsreiche Träume scheinen diejenigen zu sein, an die wir uns besser erinnern. Das ist verständlich, da sie große emotionale Energien ausdrücken, die uns tief bewegen. Und was uns tief bewegt, das drängt sich auf, denn Emotionen sind ein Tor zum Gedächtnis (die wichtige Schaltstelle für beide – Gefühl und Gedächtnis – ist das limbische System).

Die mittäglichen Träume sind ebenso zu deuten wie die nächtlichen. Sie sprechen in den gleichen Symbolen zu uns. Sie zeigen uns das, was wir im Wachbewusstsein nicht sehen wollen. Sie besitzen jedoch den Vorteil, dass sie leichter zu inkubieren sind. Wenn Sie sich für den Mittagsschlaf einen Traum zu einem bestimmten Thema bestellen, wird Ihnen eher der Erfolg winken, als wenn Sie das für den nächtlichen Traum versuchen. Deswegen empfehle ich meinen Klienten, die Trauminkubation zunächst einmal beim Mittagsschlaf zu üben. Wenn sie dann beim mittäglichen Schlaf erfolgreich sind, wird ihnen die Inkubation bestimmter Träume für den nächtlichen Schlaf leichter gelingen.

Der Mittagsschlaf beglückt uns häufig mit inspirierenden Träumen. Wenn Sie mit Ihrer Arbeit nicht weiterkommen, die Ideen nicht fließen wollen, dann wirkt das Nachmittagstief. Legen Sie eine kurze Schlafpause ein. Damit steigen Sie aus dem bewussten Denken über ein Problem aus und überlassen die Problemlösung Ihrem Unbewussten, das bereitwillig daran weiterarbeitet. Wenn die Mittagszeit und der frühe Nachmittag als Geisterstunde bezeichnet werden, ist mit diesen Geistern der Dämon (griech. *daimon*) gemeint, jener hilfreiche Geist, der uns wie die Muse inspiriert und uns voller neuer Ideen aufwachen lässt. Der nachmittägliche Mittagsschlaf darf jedoch nicht zu lange dauern. Ideal ist eine halbe bis maximal eine Stunde. Wenn man zu dieser Zeit länger schläft, bleibt häufig nach dem Aufwachen eine bleierne Müdigkeit zurück, die uns bei der nachmittäglichen Arbeit eher behindert, als dass sie uns hilft.

Ein Lob des Dösens

Muße, nicht Arbeit, ist das Ziel des Lebens.
OSCAR WILDE

Dem Mittagsschlaf nahe verwandt ist das Dösen. Es ist ein Ausdruck der lasziven Hingabe an die Trägheit. Es ist ein Luxus, der wie so mancher Luxus verpönt ist und doch dem menschlichen Geist erstaunlich kreative Ideen schenkt. Wenn wir dösen, also in jenem Zustand des Halbschlafs verharren, dann ordnen sich die Dinge, die Sichtweisen und Einsichten neu. Alles entgleitet einem und bekommt seine eigene Dynamik. Gedanken und Ansichten emanzipieren sich von der Zwangsjacke des männlichen Bewusstseins, um sich in den unendlichen Möglichkeiten des weiblichen Chaos zu verlieren. Deswegen fürchten einige Menschen dieses Dösen, das von Erziehern fürchterlich diskriminiert wird. Es rebelliert gegen die männliche Ordnung des Bewusstseins. Und nun kommt der Kurzschluss: »Wer döst geht unter. Er ist nicht produktiv.« Wenn man sich in das Reich seiner Träume begibt, geht man unter und wird vom Sog des Unbewussten ergriffen. Aber genau das ist produktiv. Das ist die so genannte Inkubationsphase, in der die Muse einen küsst, in der die Dinge und Ideen sich neu ordnen, um Einsichten entstehen zu lassen.

Solange das Dösen nicht zum Lebensinhalt wird, kann ich Ihnen nur raten: »Dösen Sie vor sich hin, wenn Sie müde und ideenlos sind!« Nicht nur dass dieses Abschalten Ihnen neue Energien gibt, Sie mit neuem Schwung versorgt, sondern es dient auch dem Ausbrüten kreativer Ideen, die sonst nie in das Bewusstsein aufsteigen würden.

Jeder kreative Prozess ist von dem Rhythmus von Anspannung und Loslassen, von bewusster Arbeit und unbewusstem Ausbrüten gekennzeichnet. Die Abwechslung von zielgerichtetem Denken und traumhafter Hingabe an sein Unbewusstes schafft Neues und fördert unsere Entwicklung.

Alle Technik der Traumarbeit und alles Wissen um die symbolische Sprache nutzen uns wenig, wenn sie nicht mit der Intuition gepaart werden. Im Zustand des entspannten Dösens öffnen wir uns für die Kraft der Intuition, die uns hilft, uns nicht zu verleugnen und sicher die Herausforderungen des Alltagslebens zu meistern. Dösen ist – wie die Intuition – als einfühlendes Denken zu sehen.

Mittagsschlaf und Dösen – eine Zusammenfassung

Der Mittagsschlaf liefert uns neue Energien, wenn er nicht zu lange ausgedehnt wird.

Er eignet sich wie keine andere Form des Schlafs dazu, sich Träume zu bestellen oder zu inkubieren. Er kann als ein Trainingsfeld für die Trauminkubation genutzt werden.

Die Träume des Mittagsschlafs sind genauso zu deuten wie die des nächtlichen Schlafs, man kann sich jedoch glücklicherweise leichter an sie erinnerern.

Das Dösen ist besonders dann geeignet, wenn wir beim Lösen eines Problems stecken bleiben. Es kann als Inkubationsphase genutzt werden und häufig lässt es plötzlich neue Ideen entstehen. Das Dösen ist nicht so unproduktiv wie sein Ruf.

11

Träume vom Tod

Leidenschaft, die nicht zum Tod führt,
muss mit Kompromissen auskommen.
LUC BONDY

Träume vom Tod machen große Angst. Ob wir vom eigenen Tod träumen oder von dem anderer, sofort befürchten wir ein Unglück. Die meisten Menschen, die verzweifelt eine Traumberatung in Anspruch nehmen, sind durch Todesträume tief erschüttert worden. Diese Angst ist unberechtigt. Das Bild des Todes zieht all unsere großen und kleinen Ängste magnetisch an. Sie kristallisieren sich im Symbol des Todes, das weniger den physischen Tod als psychische Veränderungen anspricht. Also geraten Sie bei Todesträumen nicht Panik, sie sprechen wichtige und notwendige Veränderungen in Ihrer Persönlichkeitsstruktur an.

Wenn ein Verwandter, ein Bekannter, Sie selbst oder Ihre geliebten Kinder im Traum sterben, wird das oftmals spontan unsymbolisch – also gegen die Logik des Traums – als ein konkreter Hinweis angesehen. Sie fühlen sich gewarnt. Der Traum spricht aber symbolisch zu Ihnen und sagt, dass etwas in Ihnen abstirbt oder schleunigst absterben sollte, das Sie liebgewonnen haben. Das sieht keiner gern, also rettet man sich in die unsymbolische Sicht dieses Traums. Dazu kommt noch, dass sich hinter dem geträumten Tod meistens Aggressionen verstecken – freilich solche, die man sich nicht zugesteht.

Freud machte darauf aufmerksam, dass Kinder häufig vom Tod ihrer Eltern träumen, da sie es vor sich selbst nicht anders wagen, ihre Aggressionen den Eltern gegenüber auszudrücken. Dort wo Liebe ist, ist die Aggression nicht weit, die sich stets dann einen traumhaften Ausdruck sucht, wenn die Liebe überwiegt. Man möchte doch ein guter Junge und ein gutes Mädchen sein. Wie im Kindertraum kann im Traum der Erwachsenen der Tod ein Ausdruck nagender Verlassensängste sein. Die geliebte Person will einen verlassen, flüstert einem sein argwöhnisches Ich ein, also straft man sie mit dem Tod im Traum. Und wie so häufig in Beziehungen zeigt sich hier deutlich der klassische Konflikt: Man liebt den anderen und trauert über seinen Tod, aber man hasst ihn dafür, dass er einen verlassen hat. Das ist nur der traumhafte Ausdruck der Furcht vor dem Verlassenwerden.

Der Tod ist der Ausdruck höchster Aggression – eine Person wird ausgelöscht. Solch ein drastisches Bild möchte Sie dazu bewegen, darüber nachzudenken, welcher Persönlichkeitsanteil in Ihnen ausgelöscht werden sollte. Oder welche Ausdrucksmöglichkeit haben Sie durch verdrängte Aggression in sich absterben lassen? Wird der Tod angesprochen, sollten Sie hellhörig werden. Es ist höchste Zeit, sich zu verändern.

Für die genauere Deutung ist es wesentlich, wer in Ihrem Traum gestorben ist. Sterben Verwandte, was häufig vorkommt, dann werden Persönlichkeitsstrukturen und Eigenschaften angesprochen, die Ihnen lieb und wert sind oder von denen Sie unfreiwillig abhängen. Sie betrachten diese als Ihre Identität. Aber genau diese Identität ist es, die Ihren Charakterpanzer ausmacht und Sie erstarren lässt. Die Sufis – die Mystiker des Islam – prägten den Satz: »Stirb, bevor du stirbst.« Damit ist dieser Tod, dieses Loslassen von den gewohnten Eigenschaften gemeint, das notwendig ist, um sein Leben in Einklang mit sich und Gott zu bringen.

Stirbt man selbst im Traum, was seltener vorkommt, dann empfehlen einem diese Träume eine grundsätzliche Änderung seines Lebensstils. Nehmen Sie sich die Zeit, Ihr Leben zu überdenken und seien Sie bereit zu einer Richtungsänderung. Meistens wachen Sie vor dem eigenen Tod im Traum auf oder der Traum bricht ab. Da schreitet der innere Zensor ein, der Ihnen das Bild des Todes gnädig ersparen möchte. Häufiger erlebt man den Tod indirekt, als die eigene Beerdigung. Sie sehen den Sarg oder die Trauergemeinde. Sie hören vielleicht sogar die Grabreden auf sich. Besonders verblüffend ist die Situation, wenn Sie plötzlich im Traum vor Ihrem eigenen Grabstein stehen. Das ist ein Motiv, das viele Schriftsteller inspirierte. Solche Bilder werden meistens mit kühler Distanz gesehen. Man ist erstaunt, aber nicht verwirrt. Sie berühren den Träumer erst nach dem Erwachen, dann aber oft heftig. Träume mit derartiger Symbolik fordern uns auf, mit einer gewissen Distanz zu uns selbst Veränderungen in unserer Persönlichkeit zu betrachten. Häufig stehen wir diesen Veränderungen durch eine zu starke Identifikation mit uns selbst im Weg. Wir nehmen uns zu ernst. Träume vom Tod führen uns als heilsame Haltung die Distanz vor. Es hilft, sich ab und an als Objekt zu betrachten und das alte, sich mit allem identifizierende Ich sterben zu lassen.

Sterben Fremde im Traum, fragen Sie sich, wie Sie diese Fremden charakterisieren können. Was haben deren Eigenschaften mit Ihnen zu tun? Meistens personifizieren diese Fremden Anteile von Ihnen, die Ihnen fremd geworden sind, die Sie aber wieder beleben können.

Es gibt einige wenige Todesträume, die mit dem realen Tod einer Person zusammenhängen. In äußerst seltenen Fällen ist Ihr eigener Tod gemeint, aber oftmals der Tod einer geliebten Person. Einige Menschen erleben den Besuch einer soeben verstorbenen Person im Traum. Sie verabschiedet sich meist wortkarg von ihnen. Gerade der plötzliche Tod scheint dieses Phänomen hervorzurufen.

Der Klassiker aus diesem Bereich ist folgender Traum, an den sich ein Klient von mir vergangenes Jahr nach dem unerwarteten Tod seiner geliebten Frau erinnerte:

Ich sehe mich selbst im meinem Bett liegen und weiß, dass ich schlafe. Die Katze kuschelt sich in die Bettdecke an meinem Fußende. Plötzlich springt sie auf und ist verschwunden. Ich sehe Barbara wunderschön, fast leuchtend in einem weißen Nachthemd am Fußende meines Bettes stehen. Sie lächelt. Ihre Augen glänzen. Langsam, fast wie in Zeitlupe hebt sie die Hände. »Ich bin frei! Gräme dich nicht und lebe wohl.«

Danach wachte ich zitternd auf, der Traum war so real.

Die Frau des Träumers war eine Stunde zuvor bei einem Autounfall gestorben. Für diese Art des Traums ist es charakteristisch, dass der Träumer sich bewusst ist, dass er träumt. Er sieht die Gestorbene verklärt. Oftmals erinnert das Bild an Darstellungen von Engeln oder von Geistern. Die Tote erscheint in ätherischer Gestalt, durchsichtig und doch körperlich zugleich. Und häufig gibt es in diesen Träumen ein kurzes Abschiedswort, das versöhnend oder tröstend ist.

Wenn ich solche Träume berichtet bekomme, erinnert mich die Situation oft an das Erscheinen der Engel in der Bibel, welche den Hirten die Geburt Jesu ankündigen. Dieses »Fürchtet euch nicht« scheint ein verbindendes Motiv all dieser Todesträume zu sein.

Ich bin unsicher, ob man solche Phänomene entmystifizieren und wissenschaftlich erklären sollte. Dem Träumer hilft es sicher nicht, sich in solch einer Situation in den Tiefen der Symbolik zu verlieren. Er kann diesen Traum als großes Geschenk in seinem Herzen bewahren. Als Traumforscher bin ich jedoch an Erklärungen interessiert, die ich Ihnen nicht vorenthalten möchte.

Der zeitgenössische amerikanische Sterbeforscher Kenneth Ring und die Engländer Michael Persinger und Paul Devereux haben den Begriff des »begegnungsanfälligen Menschen« geprägt. Das scheinen solche Personen zu sein, die überempfindlich auf die elektrischen Aktivitäten ihres Temporal- beziehungsweise Schläfenlappens (ein Teil des Großhirns, der auch die Hör- und Riechsphäre enthält) reagieren. Möglicherweise, so lautet die Hypothese, sind solche begegnungsanfälligen Menschen in der Lage, eher als andere prophetische Träume und solche unsymbolischen Todesträume wahrzunehmen und zu akzeptieren. Begegnungsanfällige Menschen sind also jene Individuen, die keinen starr fixierten Erwartungshorizont besitzen und so für neue Erfahrungen offen sind. Es sind sensible Menschen, die Impulse aus anderen Realitäten mühelos aufnehmen.

Wenn das Ereignis, das geträumt wird, gefühlsmäßig stark besetzt ist – wie es zweifelsohne der Tod ist – übt es einen besonders starken Impuls aus, der von sensiblen Träumern wahrgenommen werden kann. Allerdings scheint man diesen Impuls nur dann wahrnehmen zu können, wenn man mit der toten Person eng verbunden war. Die engsten Verbindungen sind verwandtschaftliche Verhältnisse oder dass man sich mit dieser Person der Sexualität erfreut hat. Der modernen Physik sind solche Phänomene nicht fremd. Dort sagt das so genannte Bellsche Theorem: Immer, wenn eine enge Verbindung vorhanden war, bleibt diese bestehen – egal, was geschehen mag. Das sind freilich ungewohnte Gedankengänge. Vielleicht fällt es Ihnen schwer, das nachzuvollziehen. Da geht es Ihnen nicht anders als den meisten Menschen. Befreien Sie sich davon, alles vollständig verstehen zu wollen. Leben, Traum und Tod enthalten trotz aller Erklärbarkeit stets ein Geheimnis und das ist gut so.

Solche Psiphänomene wie der Abschied eines Toten auf der Traumebene werden nicht symbolisch gedeutet. Hier zieht sich der menschliche Geist in Demut zurück.

Träume von Toten

Jeder Augenblick im Leben
ist ein Schritt zum Tod hin.
PIERRE CORNEILLE

Immer wieder berichten Träumerinnen und Träumer, dass sie Verstorbene im nächtlichen Traum treffen. Da sitzt die tote Großmutter lebendig wie zu Lebzeiten in ihrem Ohrensessel oder der vor Jahren tödlich verunglückte Vater tritt durch die Tür und vergibt der träumenden Tochter. An der Frage, ob wir im Traum ins Reich der Toten reisen oder ob solche Träume symbolisch auf der Subjektstufe gedeutet werden müssen, scheiden sich die Geister der Traumspezialisten.

Einen Traum auf der Subjektstufe zu deuten, bedeutet, jedes Symbol als Hinweis auf einen Teil des Träumers zu betrachten: Das Auto im Traum drückt das »Autohafte« im Träumer aus; ein Traum von der Mutter verweist auf seine mütterliche Seite. Wird ein Traum hingegen auf der Objektstufe gedeutet, dann wird die Beziehung des Träumers zu dem entsprechenden Symbol betrachtet: Das Auto verweist auf die Beziehung zu einem realen Auto und die Mutter im Traum spricht die Beziehung zur Mutter des Träumers an.

Ob Träume von Toten subjekt- oder objektstufig zu deuten sind, halte ich für eine Frage des Glaubens. Wichtiger erscheint mir die Frage, wie wir produktiv mit derartigen Traumerlebnissen umgehen können. Wenn wir Verstorbene im Traum treffen, fällt auf, dass sie meistens weiser und geläuterter scheinen, als sie es zu Lebzeiten waren. Oftmals vermitteln sie uns eine wichtige Botschaft, die uns tief berührt. Als Psychologe sehe ich diese Toten als Personifizierung der Weisheit in uns. Sie sind ein Abglanz unseres Höheren Selbst, das in der Gestalt des Verstorbenen oder der Toten erscheint. Deswegen können wir sie zu unseren inneren Führern erwählen, welche die Rolle des Beraters, Lehrers und Heilers in sich vereinen. C. G. Jung erkor sich gleich zwei solcher Traumführer aus dem Totenreich, um sich in seiner Krise nach der Trennung von Freud zu stabilisieren. Er pflegte sich im Tagtraum mit ihnen zu unterhalten, um sie um Rat zu fragen. Auch Sie können so vorgehen. Wenn Sie einen Verstorbenen im Traum treffen und er oder sie Ihnen vergibt, Sie segnet oder Sie in anderer Weise tief berührt, dann seien Sie dankbar für dieses Geschenk. Sie können es nutzen, indem Sie sich diese Person, wie sie im Traum auftrat, so genau wie möglich vorstellen und sie dann bitten, Ihr weiser Berater zu werden. Abends vor dem Einschlafen visualisieren Sie Ihren Traumführer und berichten ihm alles, was Sie auf dem Herzen haben. Damit wird er wahrscheinlich verlockt, Sie ab und zu in Ihren Träumen zu besuchen, um

Ihren Weg zu korrigieren. Im Tagtraum können Sie ihn um Rat fragen; so mag er wie ein Schatten werden, der Sie stets begleitet. Es ist ein alter Mythos, dass die Toten wesentliches Wissen für die Lebendigen bereit halten. Machen wir sie zu unseren Traumführern, so werden wir an diesem Wissen teilhaben.

Die Vorstellung eines Traumführers, der in Gestalt eines Verstorbenen erscheint, tritt in allen schamanischen Kulturen auf. Die nordamerikanischen Indianer nennen ihn den Schutzgeist, in Mittelamerika spricht man von nagual, der im Westen durch die Bücher von Carlos Castaneda bekannt wurde, in Sibirien spricht man vom so genannten Hauptgeist und die Aborigines Australiens nennen ihn einfach den Führer oder den Begleiter. Bei den Naturvölkern sind es hauptsächlich die Ahnen, aber auch Tiere und Pflanzen, die als Traumführer auftreten.

Die Weisungen und Anregungen des Traumführers müssen nach schamanischer Auffassung unbedingt in die Wachrealität übertragen werden. Geschieht das nicht, wird sich der Traumführer beleidigt zurückziehen und dem Suchenden kein innerer Führer mehr sein. Denn Sie als Träumer nähren den Traumführer mit Ihrer Energie, die Sie ihm in Form von Aufmerksamkeit zukommen lassen.

Es ist ferner möglich, dass die Verstorbenen im Traum als Symbol für ein Ich in uns erscheinen, das abgestorben ist. Wie der Tote im Traum ist das Ich zwar gestorben, aber es regt sich trotzdem noch. Ich rate meinen Klienten, zuerst diese Deutungsmöglichkeit zu erwägen, wenn Tote in ihrem Traum erscheinen. Es fällt auf, dass diese »symbolisch Verstorbenen« ganz und gar nicht vom Flair der Weisheit umgeben sind. Sie wirken normal, weder ätherisch, noch erschreckend mächtig. Mit solchen Toten gehen Sie wie mit allen anderen Traumpersonen um: Schauen Sie, welche Anteile von Ihnen sie symbolisieren. Diese Anteile sollen entweder wieder in Ihr Leben integriert oder – was seltener der Fall ist – sie müssen ausgemerzt werden. Welche der beiden Möglichkeiten zutrifft, weiß der Träumer.

Der Traum vom Tod im Überblick

Träume vom Tod sind zunächst subjektstufig zu deuten. Sie sind meistens

- ein Ausdruck von Aggression, die von Liebe überlagert wird
- die Verarbeitung einer schmerzhaften Trennung
- ein Hinweis darauf, dass der Träumer sich grundlegend ändert oder eine wichtige Seite in ihm Gefahr läuft zu sterben

Der Tote im Traum kann in vielen Gestalten auftreten:

- Das Traum-Ich stirbt: Dies ist ein Warntraum. Allerdings warnt er Sie nicht vor Ihrem physischen Tod, sondern davor, dass eine wesentliche Seite in Ihnen abzusterben droht. Oder er rät Ihnen eindringlich, ein Verhalten oder eine Eigenschaft aufzugeben.
- Freunde sterben: Sie personifizieren Anteile von Ihnen, die Ihnen helfen.
- Bekannte sterben: Sie personifizieren Anteile von Ihnen, die positiv oder negativ sein können und die nicht derart verdrängt sind, dass Sie nicht um sie wissen.
- Unbekannte sterben: Hier wird ein stark verdrängter Anteil von Ihnen angesprochen, der jetzt ins Bewusstsein gehoben werden kann.

Wenn der Verstorbene im Traum mit einer Aura der Weisheit und Abgeklärtheit auftritt, die er zu Lebzeiten nicht besaß, drückt sich darin wahrscheinlich Ihr Höheres Selbst aus. Solch eine Traumgestalt kann man sich zum Berater oder Führer erwählen.

Begegnungsanfälligen Menschen erscheinen häufig Verstorbene im Traum. Es handelt sich hierbei um eine speziell ausgeprägte Sensibilität, die nicht als krankhaft anzusehen ist.

Es ist denkbar, dass die Traumwelt sich zum Reich der Toten hin öffnet. Die Toten verehrt man traditionell als Ratgeber.

12

Albträume

Furchtbar zuweilen ist des Traumes Macht;
Er ängstigt, schmerzt, erschüttert, droht,
Und wenn der Schläfer nicht erwacht`
Im Augenblick, im nächsten wär` er todt.
NIKOLAUS LENAU

In Freuds Behandlungszimmer in der Berggasse 19 hing ein Druck des Gemäldes »Der Nachtmahr« von Johann Heinrich Füssli (1741–1825, englischer Maler Schweizer Abstammung). In diesem Bild wird der Albtraum als eine fürchterliche Mischung zwischen Ohnmacht, Grauen, Aggression und Lust dargestellt. Freud sah in ihm die urtümliche Gewalt ausgedrückt, mit der uns jeder Albtraum anspringt. Es sind unsere tief verdrängten Wünsche, die Wesen des Grauens gebären, die Machtwesen mit Fratzen des Bösen erschaffen. Für den Vater der Psychoanalyse war der Albtraum der typische Ausdruck des Traums, in dem uns niedergehaltene Wünsche als Angreifer und Mörder erscheinen. Nach ihm sind diese tief verdrängten Wünsche, die Freud pathetisch mit den Titanen verglich, die Ursache für unsere Ängste.

Ob man nun Freuds Wunschtheorie folgt oder nicht, eines bleibt unangefochten: Albträume sind ein Ausdruck von Ängsten. Sie sind der Holzhammer der Seele, der den trifft, der auf die Hinweise seiner inneren Stimme partout nicht achten möchte. Ängste engen zwar ein, aber sie öffnen uns auch für unsere innere Stimme.

Dem Albtraum gehen für gewöhnlich sich wiederholende Träume voraus, die nicht beachtet wurden. Der Albtraum erzwingt nun seine Beachtung, indem er uns an seinem Ende aufweckt. Hier wird Freuds Ansicht vom Traum als Hüter des Schlafes Lügen gestraft, denn die im Traum empfundenen Ängste wecken uns auf unsanfte Weise. Solch einen Traum kann man einfach nicht ignorieren.

Angst ist normal in Zeiten der Krise, der Veränderung und des Umbruchs. Sie ist eine Energie, die unser Inneres anregt zu sprechen, um uns mit traumhaften Lösungen zu konfrontieren. Wenn man sich an beunruhigende, das heißt beängstigende Träume erinnert, ist das ein gutes Zeichen dafür, dass man sich zumindest innerlich und unbewusst mit den emotionalen Herausforderungen auseinandersetzt. Wissenschaftliche Untersuchungen haben gezeigt, dass Angst- und Albträume in Problemsituationen den Träumer zu einer schnelleren Lösung seiner Probleme führen. Menschen, die nicht von solchen beunruhigenden Träumen heimgesucht werden, quälen sich deutlich länger beim Finden wichtiger Entscheidungen oder bei der Umsetzung einer notwendigen Veränderung. Einige Psychoanalytiker halten gar Klienten, die nie einen Albtraum erlebt haben, für hochgradig neurotisch.

Oftmals zeigen wir stur Widerstände gegen notwendige Veränderungen. Das regt unser Unbewusstes an, uns einen Albtraum zu senden. Es möchte uns damit wachrütteln und zeigen, dass die Veränderung ein biologisches Gesetz ist, dem man sich nicht entziehen kann. Albträume sind eine direkte Quelle der Selbsterkenntnis. Freuen Sie sich: Das Auftreten von beunruhigenden Träumen zeigt, dass jetzt Ihre Zeit gekommen ist, um etwas in Ihrem Leben oder Ihrem Verhalten zu ändern. Wenn Sie sich nicht von Ihren Ängsten überwältigen lassen, sondern sie heldenhaft betrachten, dann führen gerade Angst und Verwirrung zu kreativen und produktiven Lösungen. Alte Muster werden erkannt und meistens durch neue, weniger starre ersetzt.

Im Albtraum erleben Sie eine Schicht Ihres Bewusstseins, die archaisch und unkultiviert ist. Hier geht es um Leben und Tod und um nichts anderes. Er ist ein Geschmack vom puren Triebleben. Hier wirken Energien, die wir im Sinne der Kulturbildung weit von uns gedrängt haben. Bestenfalls im Horrorfilm, in der Gruselliteratur und in der Malerei schauen wir uns diese mächtigen Energien freiwillig aus sicherer Distanz an. Aber auch diese Schicht unseres Bewusstseins besitzt eine Weisheit, die nur auf den ersten Blick zerstörerisch erscheint.

Die klassischen Accessoires des Albtraums sind der böse Blick, hervorquellende oder blutunterlaufene Augen der Angreifer und Finger, die zu Krallen werden. Arme werden zu Tentakeln und der Tod scheint aus der Dunkelheit zu treten, von Fledermäusen begleitet. Meistens ist es das Tierische, das bedroht: Raubkatzen, Fabeltiere, Wölfe, Schlangen und Mörderspinnen. In diesem Punkt würde ich Freud zustimmen, wenn er hier uralte Kräfte am Werk sieht, die von keiner Kultur gemildert wurden.

Albträume bei Kindern

Es gibt kein problematisches Kind,
es gibt nur problematische Eltern.
ALEXANDER S. NEILL

Albträume bei Kindern sind normal. Rudolf Steiner (Begründer der Anthroposophie, 1861–1925) meinte, dass Kinderkrankheiten zur Entwicklung des Kindes notwendig sind. Das Gleiche gilt für Albträume. Sie treiben die Entwicklung der kindlichen Psyche voran. Die meisten Kinder durchlaufen bis zur Pubertät zwei Albtraumphasen. In diesen Phasen emanzipieren sie sich von den Eltern und werden zunehmend zu eigenständigen Individuen. Eltern brauchen nicht beunruhigt zu sein oder gar in Panik zu geraten, wenn ihre Kinder verwirrt von einem Albtraum bei ihnen Schutz suchen. Der Albtraum gehört zum kindlichen Leben wie das Spiel.

In der ersten Albtraumphase können die Kinder meist nicht zwischen Traum und Wachbewusstsein unterscheiden. Sie meinen, das Geträumte in ihrem Alltag real erlebt zu haben. Traum und Wirklichkeit gehören für sie der gleichen Realität an. Das liegt daran, dass Kinder weitaus mehr als Erwachsene im Reich der Fantasie leben, das ihre Traum- und Alltagssicht gleichermaßen prägt. Der Albtraum stellt also für das Kind eine real erlebte Bedrohung dar. Deswegen sind Kinder derart irritiert und aufgeregt nach einem Albtraum und oft nur schwer zu beruhigen.

Kinder haben deswegen weitaus mehr Albträume als Erwachsene, da sie ständig mit der Welt der Stärkeren konfrontiert werden, in der sie die armen Schwachen sind. Wie alle Schwachen fühlen sich Kinder durch diese Situation bedroht. In der Sprache des kindlichen Traums drückt sich diese Bedrohung in wilden Tieren und Monstern aus, die dem Kind große Angst einjagen. Diese Tiere verfolgen das Kind und greifen es an, um es zu reißen oder zu verschlingen. Treten die Tiere im Rudel auf, verkörpern sie insgesamt die Erwachsenenwelt. Mit einzelnen Tieren sind meistens die Mutter oder der Vater gemeint, die dem Kind Grenzen setzen. Das Kind befindet sich ständig in einer Zwickmühle: Es trotzt gegen die Eltern und Familie, spürt aber zugleich, dass es völlig von ihnen anhängig ist. Hass und Liebe mischen sich untrennbar in seiner Seele. Ein Ausweg ist der Albtraum, der die Eltern zu gefährlichen Tieren oder Monstern werden lässt. Als Tiere oder Fantasiewesen sind sie den realen Eltern entrückt. Gegen die bösen Tiere darf man kämpfen, ohne die Liebe der Eltern zu verlieren.

Das ist freilich eine Deutung für Erwachsene. Dem albtraumgeplagten Kind würde sie wenig nutzen, wahrscheinlich würde es sie gar nicht verstehen. Zunächst einmal ist es wichtig, dass Sie als Eltern auf den Traum Ihres Kindes eingehen. Mit der beschwichtigenden und tröstenden Aussage, dass doch alles nicht so schlimm ist, da es sich nur um einen Traum handelt, werden Sie Ihrem Kind nicht helfen. Mit dieser Haltung programmieren Sie nur weitere Albträume. Was also tun?

Direkt nach dem Albtraum, wenn das Kind weinend an Ihr Bett kommt, wenden Sie sich ihm körperlich zu, nehmen Sie es in den Arm und lassen Sie Ihr Kind einfach alles erzählen und weinen. Geben Sie so wenig Kommentare wie möglich ab. Am anderen Tag hilft es, wenn Sie Ihr Kind seinen Traum malen lassen. Sie können auch mit Puppen oder Tieren diesen Albtraum nachspielen. Kinder bedürfen keiner intellektuellen Deutung eines Traums. Das Spiel, das Bild sind die Deutung. Sprachliche Deutungen sind hier fehl am Platz, aber körperliche Zuwendung und besonders innige Umarmungen sind wichtig.

Gehen Sie so mit den Albträumen Ihrer Kinder um, werden die Nachtmahre ganz von allein verschwinden.

Albträume bei Erwachsenen

Kein Geheimnis.
Keine Wahl.
BERTOLT BRECHT

Während bei Kindern Albtraumphasen notwendig sind, warnen Sie den Erwachsenen und weisen ihn auf seine Unaufmerksamkeit hin. Albträume treten beim Erwachsenen nur dann auf, wenn er sich durch ständige Unaufmerksamkeit in eine beängstigende Situation gebracht hat. Deswegen müssen Albträume unbedingt bearbeitet werden. Nicht bearbeitete Albträume ziehen weitere Albträume nach sich. Wenn Sie abwertend sagen: »Das war ja nur ein Traum, den ich schnell vergessen möchte« werden Ihre Ängste Sie noch mehr plagen, um endlich die heilende Beachtung zu finden. Mehr Albträume drängen sich Ihnen auf, um Sie zur Aktion zu treiben. Vergessen Sie nie, dass Albträume wie alle Träume Ihre Helfer sind. Zur Not werden Sie von ihnen zur Einsicht gezwungen.

Bisweilen gebärdet sich unser Unbewusstes erstaunlich autoritär. Es verhält sich wie Eltern oder Lehrer, die strafend immer wieder betonten, dass sie nur unser Bestes wollen. Der Albtraum will auch nur unser Bestes und was dieses Beste ist, werden Sie bei seiner Betrachtung verstehen. Sie werden ferner in ihm den Gestaltungswillen unserer Psyche erkennen, die uns wieder in Harmonie bringen möchte.

Wenn Erwachsene Ihre Albtraumphasen nicht ernst nehmen, kann es zu psychosomatischen Erkrankungen kommen. Hört dem Traum keiner zu, muss der Körper sprechen. Es genügt häufig, wenn Sie sich mit Ihrem Albtraum beschäftigen, ihn betrachten oder ihn öfters durchlesen (falls Sie ihn aufgeschrieben haben). Sie brauchen ihn nicht unbedingt zu deuten, aber schauen Sie ihn sich genau an. Stellen Sie sich den Traum nochmals vor, denken Sie an ihn und dann verwandeln Sie diesen Traum wie in Kapitel 5 (Seite 85 ff.) beschrieben. Selbst einen Albtraum kann man in einen aufbauenden Traum umwandeln, wenn man die Opferrolle aufgibt.

Dem Erwachsenen zeigen seine Albträume häufig, dass er insgesamt zu ängstlich, mit der Mentalität eines Opfers durchs Leben geht. Sie weisen ihn auf seine leichtsinnige Unaufmerksamkeit hin und lassen ihn innehalten im Strudel seines unbewussten Lebens. Sie besitzen eine heilende Wirkung. Große Verletzungen und Kränkungen lösen sie gleich einem konfrontierenden Therapeuten auf. Personen, die von ihrem Partner verlassen werden, bekommen in dieser Schocksituation oftmals Albträume, die sie aus dem nächtlichen Schlaf reißen und ihnen klarmachen, dass sie nun allein sind. Je häufiger und je bedrohlicher diese Albträume erlebt werden, desto eher kann sich die unselige Mischung aus Trauer, Aggression und Selbstmitleid auflösen. Wissenschaftliche Untersuchungen an verlassenen Frauen haben deutlich gezeigt, dass diejenigen, die nach der Trennung unter einer bedrohlichen Albtraumphase litten, ein Jahr später die Trennung nicht nur überwunden hatten, sondern sich bereits für eine neue Beziehung öffneten.

Das Trennungsbeispiel zeigt es: Albträume treten geradezu automatisch als Reaktion auf eine tiefe Verunsicherung auf. Sie verarbeiten psychisch eine Schocksituation nach dem Prinzip der Homöopathie: Sie versuchen Gleiches mit Gleichem zu heilen. Der reale Schock wird durch den Schock des Albtraums geheilt. Das kann man deutlich an den Träumen von Soldaten sehen, die von der Front zurückkehren. Sie werden nicht selten allnächtlich von fürchterlichen Albträumen wach gerüttelt. Solche Albträume bedürfen keiner Deutung, sie liegt auf der Hand. C. G. Jung beschäftigte sich ausführlich mit den Albträumen heimgekehrter Soldaten aus den Schützengräben des ersten Weltkriegs. Selbst Jung sah diese Albträume nicht symbolisch, sondern als eine sinnvolle Verarbeitung der Kriegstraumata an. Der Albtraum leistet Energiearbeit, würde man heute sagen.

Wenn Erwachsene durch solch tiefe Verletzungen über längere Zeiträume hinweg von bedrohlichen Albträumen geweckt werden, dann zieht das oftmals die Angst vor dem Einschlafen nach sich. Solche Schlafstörungen können am besten durch das im nächsten Kapitel vorgestellte luzide Träumen behoben werden. Der Träumer oder die Träumerin lernen, aus ihren Träumen auszusteigen, bevor es bedrohlich wird oder sie bekommen die Sicherheit, in ihren Träumen willentlich handeln zu können.

Pavor nocturnus

Einst und jetzt zwingt der Albtraum
Unerhörtes herbei.
Hanna Reiz

Eng mit dem Albtraum verwandt ist der *Pavor nocturnus*, der nächtliche Schrecken. In ihm zeigt sich das nächtliche Grauen in reiner Form: Es bleibt unerkannt und wirkt deswegen umso bedrohlicher. An Träume, die zum *Pavor nocturnus* führen, erinnert man sich nicht. Der Träumer fährt schreiend, zitternd und schweißgebadet aus dem Traum hoch. Er weiß nur noch, dass Schreckliches geschah. Er benötigt Zeit, um sich im Zimmer zu orientieren, um zu erfassen, dass alles nur ein Traum war, der freilich längst in die weiten Länder des Vergessens entkommen ist.

Hirnphysiologisch betrachtet gehört der *Pavor nocturnus* nicht zum Albtraum, denn wahrscheinlich entsteht er in der Non-REM-Phase, also in der Tiefschlafphase und nicht wie der Angst- oder Albtraum in der REM-Phase, in der die Bewegungen der geschlossenen Augen die Traumtätigkeit signalisieren. An Non-REM-Träume erinnert man sich fast nie und dazu kommt noch das charakteristische plötzliche Auffahren im Bett, das jede Traumerinnerung sogleich verscheucht.

Dennoch nehme ich an, dass der *Pavor nocturnus* wie der Albtraum ein Warnsignal der Psyche ist. Er zeigt, dass der Träumer oder die Träumerin aus ihrer Mitte geraten sind. Wer öfters am nächtlichen Schrecken leidet, der geht am besten in sich und fragt sich, ob er vielleicht therapeutische Hilfe benötigt.

Kinder und Erwachsene, die mit dem nächtlichen Schrecken erwachen, können ihre Panik wesentlich schneller überwinden, wenn sie sogleich das Licht anknipsen. Selbst in der Helligkeit benötigen sie danach noch eine Weile, um sich von dem Schrecken zu erholen. Die Volksmedizin rät, zunächst ein Glas warme Milch mit Honig zu trinken.

Der Albtraum – eine Zusammenfassung

Der Albtraum ist ein Holzhammer der Seele, die uns die Augen für anstehende Veränderungen öffnen möchte. Albträume müssen betrachtet werden, um psychosomatische Erkrankungen zu vermeiden.
Folgende Albtraumarten kann man unterscheiden:

- Albträume von Erwachsenen: Sie werden wie jeder andere nächtliche Traum symbolisch gedeutet. Ungedeutete Albträume pflegen in ähnlicher Weise wiederzukehren.
- Albträume von Kindern: Sie gehören zur kindlichen Entwicklung. Es wäre falsch, sie sprachlich zu deuten. Diese Alb-

träume werden durch Malen und Zeichnen oder im kindlichen Spiel bearbeitet.
- Reaktive Albträume: Sie folgen unmittelbar auf ein traumatisches Ereignis. Solche Albträume bedürfen keiner Deutung, sie sind ein Selbstheilungsmechanismus der Psyche, der automatisch abläuft. Dies zu wissen, hilft denen, die unter solchen Träumen leiden.
- *Pavor nocturnus:* Da sich der Träumer bei dieser Art des Albtraums an keinen Inhalt erinnert, kann nichts gedeutet werden. Der nächtliche Schrecken ist ein Zeichen psychischer Instabilität.

Wenn die Angst vor Albträumen Schlafstörungen erzeugt, wird luzides Träumen eingesetzt, um die Albträume in nicht beängstigende Träume zu verwandeln.

13

Luzides Träumen – die hohe Schule des Träumens

Unsere Träume können wir erst dann verwirklichen, wenn wir uns entschließen, aus ihnen zu erwachen.
JOSEPHINE BAKER

Luzides Träumen: Jeder hat davon gehört. Auf allen meinen Vorträgen über Träume kann ich sicher sein, dass zumindest eine oder einer die Frage nach dem luziden Träumen stellt.

Das luzide Träumen ist seit dem neunzehnten Jahrhundert geheimnisumwittert. Zum ersten Mal wurde das Phänomen in dem damaligen Erfolgsroman *Peter Ibbotson* (1891) von George du Maurier (ein Vorfahre der berühmten Schriftstellerin Daphne du Maurier, 1834–1896) erwähnt. Die Hauptperson Peter Ibbotson bemüht sich den gesamten Roman hindurch, bewusst seine wilden Träume zu kontrollieren. Er war der Ansicht, dass wer in seine Träume ändernd eingreift, damit zugleich seine Bestimmung ändert. Diese Ansicht wurde nach Erscheinen dieses Buchs zum heißen Diskussionsthema in den Clubs des viktorianischen England. Damals versuchten sich viele in der Technik des Wahrträumens, ein Begriff für das luzide Träumen, den George du Maurier einführte.

Was ist luzides Träumen? Beim luziden Träumen erwacht man sozusagen im Traum. Kennen Sie die Situation, dass Sie sich im Traum plötzlich darüber bewusst werden, dass Sie träumen? Genau das ist luzides Träumen, das auch Klarträumen genannt wird. Luzide im Traum zu sein bedeutet also, sich in einem Traum zu befinden, doch zugleich kein Teil dieses Traums zu sein. Das entspricht der spirituellen Haltung der Sufis, die empfiehlt, in der Welt, doch nicht von dieser Welt zu sein. Man sieht sein Traum-Ich handeln, identifiziert sich jedoch nicht mit ihm. Mit anderen Worten: Man transformiert die Illusion des Traums in Klarheit, indem man seine Projektionen, welche die Traumbilder nähren, ohne Bewertung beobachtet. Diese Haltung wird in der buddhistischen Mythologie in der Person Mayas ausgedrückt, welche die Illusion verkörpert und zugleich die Mutter Buddhas ist.

Jeder träumt irgendwann einmal in seinem Leben luzide. Der Klartraum stellt sich besonders dann ein, wenn sich das Traum-Ich in einer Situation befindet, die stark von den Erfahrungen des Träumers im Wachbewusstsein abweicht. Etwa fünf bis zehn Prozent der Bevölkerung träumen regelmäßig und automatisch luzide, ohne es trainiert zu haben. Berühmt wurden die Tagebücher des französischen Sinologen Marquis d'Hervey de Saint Denis (Ende 19. Jahrhundert), der ständig luzid träumte, was er genauestens dokumentierte. Sigmund Freud und C. G. Jung kannten diese Tagebücher, was sie aber nicht davon abhielt, zu behaupten, dass luzides Träumen unmöglich sei. Für sie galt das Dogma, dass man in den Traum nicht bewusst eingreifen kann.

Das luzide Träumen passt in keine der traditionellen Traumtheorien und wurde deswegen stets von der etablierten wissenschaftlichen Traumforschung entweder abgelehnt oder diffamiert. In den letzten Jahren hat sich die Einstellung dem luziden Träumen gegenüber grundlegend gewandelt. Heute werden die Gesetze des luziden Träumens eingehend untersucht, da diese Art der Traumkontrolle mannigfach praktisch anwendbar ist.

Das Besondere am luziden Träumen besteht in dem Paradox, dass wir im Traum wach – im Sinne von bewusst – sind. Das bedeutet, dass wir schlafen und zugleich unsere Träume bewusst beobachten und eventuell in sie eingreifen. Diese Spannung zwischen Bewusstheit und Schlaf macht das luzide Träumen zu einem der wichtigsten Gebiete der modernen Bewusstseinsforschung.

Luzides Träumen stellt eine Bewusstseinsübung dar, die

schon seit Menschengedenken von Schamanen aller Kulturen praktiziert worden ist. Im tibetischen Buddhismus, der davon ausgeht, dass wir alle permanent träumen, wird luzides Träumen gelehrt, um Bewusstseinsklarheit auch in der Nacht aufrechtzuerhalten. Einige moderne Forscher sehen das Tibetische Totenbuch (*Bardo Thödol*) als Führer zum luziden Träumen an. Die Visionssuche der Indianer kann ebenfalls als luzides Träumen betrachtet werden.

Bewusst luzid zu träumen muss man geduldig lernen. Nur wenigen Menschen fällt es zu. Der armenische Weisheitslehrer Georg Iwanowitsch Gurdjieff ging davon aus, dass man mindestens sechs Monate disziplinierten Übens benötigt, um luzides Träumen zu erlernen. Gurdjieffs Einschätzung scheint mir realistisch zu sein, wenn es darum geht, nicht nur ein- oder zweimal bewusst Luzidität zu erreichen, sondern ständig dazu in der Lage zu sein. Die Voraussetzung zum Erlernen des luziden Träumens, das von einigen Autoren als die hohe Schule der Traumarbeit bezeichnet wird, ist eine konstante Erinnerung von mindestens einem Traum pro Nacht. Außerdem hilft es, wenn Sie über Erfahrungen mit Bewusstseins- und Konzentrationsübungen verfügen. Wer meditiert und regelmäßig Yoga praktiziert, der wird relativ schnell lernen, wie man bewusst luzid werden kann. Aber machen Sie sich keine Illusionen, Sie brauchen Geduld, um diese Traumtechnik zu erlernen. Wahrscheinlich werden Sie einen Lehrer brauchen, der als Erfahrener Ihre ersten Schritte auf diesem Weg begleitet. Der Lehrer macht sich bezahlt, wenn man Timothy Leary Glauben schenkt, der sagte, dass luzides Träumen einem die Psychoanalyse erspart – und damit sehr viel kostengünstiger ist.

Übung

Nehmen Sie sich einmal Zeit, um bewusst die wichtigen Träume anzuschauen, die Sie in Ihrem Leben geträumt haben. Wenn Ihnen das schwer fällt, betrachten Sie einfach die Träume aus der letzten Zeit, an die Sie sich erinnern. Ohne diese zu analysieren, suchen Sie nach gleichen Strukturen. Vielleicht werden Sie häufig verfolgt, oder Sie beobachten oft die Traumszenen, ohne in ihnen zu handeln, womöglich treten ständig die gleichen Traumsymbole oder ähnliche Traumsituationen auf. Achten Sie besonders darauf, in welcher Traumumgebung Sie sich mit Vorliebe aufhalten.

Nun nehmen Sie sich vor, diese Traumumgebung in Ihren nächsten Träumen wieder aufzusuchen und sich dann bewusst zu sein, dass Sie träumen. Sagen Sie sich, dass Sie bewusst (luzide) werden, wenn Sie sich wieder in dieser Situation befinden. Das kann mittels einer Affirmation geschehen, indem Sie sich beispielsweise sagen: »Wenn ich mich wieder in einem Klassenraum befinde, werde ich mir bewusst, dass ich träume.«

Statt einer Situation können Sie ein Symbol wählen, das in vielen Ihrer Träume auftritt. Nehmen wir zum Beispiel einen Zug. Sie sagen sich dann entsprechend: »Wenn ich von einem Zug träume, werde ich mir bewusst, dass ich träume.«

Stellt sich ein derartiger Traum ein, den Sie auch inkubieren können (siehe Kapitel 7, Seite 99 ff.), nehmen Sie zunächst unkritisch an diesem Traum teil, den Sie wie einen normalen Traum als bewusster Beobachter erleben. Plötzlich werden Sie sich bewusst, dass der Traum gar nicht so »normal« ist, indem Sie zum Beispiel die bekannte Traumsituation oder ein Ihnen vertrautes Symbol erkennen. Dadurch erwacht Ihr Bewusstsein und die Luzidität stellt sich ein.

Ab diesem Punkt fängt das Abenteuer der Luzidität an: Sie stellen fest, dass Sie im Traum einzig durch einen Vorsatz alles tun und sein können, was Sie wollen. Dadurch werden Sie vom Opfer, das den Traum als Schicksal erlebt, zum Täter, der seinen Traum und damit seine Welt kreativ gestaltet. Das ist die teilnehmende und somit verändernde Beobachtung, die von den Quantenphysikern entdeckt wurde. Das Wollen wirkt auf die Traumwelt, wie es auf die physische Welt wirkt, allerdings viel direkter. Wird Ihnen das bewusst, werden Sie wahrscheinlich von einem euphorischen Freiheitsgefühl durchströmt. In dieser

Phase ist es besonders beliebt zu fliegen und der Erdenschwere zu entkommen.

Irgendwann ist natürlich der luzide Traum zu Ende. Jetzt kommt es häufig zum so genannten falschen Erwachen: Der Träumer denkt, aufgewacht zu sein, ist es aber nicht: Er ist nur in einem anderen Traum erwacht. Aus diesem Traum erwacht er dann meistens auch real, wenn ihm bewusst wird, dass es sich um einen Traum handelt.

Das falsche Erwachen kann man sich am Bild eines Hauses mit mehreren Zimmern verdeutlichen: Jedes Zimmer stellt die Welt eines Traums dar. Man muss erst durch mehrere Zimmer gehen, um zum Ausgang zu gelangen.

Wenn Sie wirklich Luzidität im Traum erleben möchten, dann nehmen Sie das eben Geschilderte als Richtschnur, um auf den Wegen der Traumwelt bewusst zu handeln. Experimentieren Sie mit den einzelnen Schritten und beginnen Sie nicht zu früh, in Ihre Träume einzugreifen. Der ungeübte luzide Träumer wacht dann sogleich auf. Es stabilisiert die Luzidität, wenn Sie mindestens zwei Wochen lang regelmäßig Ihre Träume bewusst als nicht eingreifender Beobachter erleben, ehe Sie eingreifen.

Es gibt noch zwei andere traditionelle Techniken, das luzide Träumen zu erlernen: die so genannte Bändchenmethode und die Farbvisualisierung. Bei der Bändchenmethode knüpfen Sie sich ein Wollband um Ihr rechtes (Rechtshänder) oder linkes (Linkshänder) Handgelenk gerade so fest, dass Sie es leicht bemerken. Nehmen Sie sich dann im Traum vor, Ihre Hand zu spüren. Gelingt das mehrmals hintereinander, versuchen Sie die Hand im Traum zu sehen.

Das Ziel der Farbvisualisierung ist bewusstes Einschlafen und letztendlich eine Bewusstseinskontinuität Tag und Nacht aufrechtzuerhalten. Dazu visualisiert man vor und während des Einschlafens einen leuchtend roten Punkt vor den geschlossenen Augen. Man konzentriert sich mit aller Macht darauf, diese Visualisierung aufrechtzuerhalten, so lange es geht. Wenn man morgens aufwacht, visualisiert man abermals sogleich den roten

Punkt. Diese Übung soll nach einiger Zeit automatisch zur Luzidität führen.

Meiner Erfahrung nach fällt es den meisten Menschen schwerer nach der Bändchenmethode oder der Farbvisualisierung das luzide Träumen zu erlernen, als nach der von mir entwickelten Methode des Bewusstseins für Strukturwiederholungen im Traum.

Vorteile des luziden Träumens

Der luzide Träumer:
ein Reisender zwischen den Welten.
MALCOLM GODWIN

Die wichtigsten Vorteile des luziden Träumens bestehen darin, dass man eine meditative Haltung einübt, die der Gurdjieffschen Übung der Selbstbeobachtung entspricht. Die Buddhisten kennen diese Haltung als Vipassana-Meditation. Man lernt, sich und seine Welt aufmerksam zu beobachten, ohne zu bewerten und sich zu identifizieren. Betrachten wir das luzide oder bewusste Träumen aus der Sicht der Spiritualität, sieht man in diesem Phänomen eine hohe Stufe der Meditation verwirklicht, die darin besteht, ein Beobachterbewusstsein auszuprägen. Wir sind tief entspannt und zugleich auf die Beobachtung unseres Traums konzentriert. So gesehen stellt das luzide Träumen eine Fortführung meditativer Techniken im Schlaf dar. Wir halten im Schlaf unser Bewusstsein aufrecht. Das kann mehr oder weniger jeder Träumer mit genügend großer Geduld erlernen. Wer jedoch nicht zum luziden Träumen bereit ist, der lernt es nicht. Unser Bewusstsein muss nämlich durch Aufmerksamkeitsübungen vorbereitet werden und bereit sein, im Traum nicht seine Kraft aufzugeben.

Luzides Träumen ist eine hohe Stufe des Gewahrseins, auf der man alle möglichen Verhaltensweisen leicht erlernen oder verändern kann. Man erkennt Automatismen und geht beweglicher mit seinen Standpunkten und Einstellungen um. Die bewusste Traumperspektive hilft, Konditionierungen im Alltagsleben zu erkennen und zu überwinden. Erst mit dem luziden Träumen können wir uns die Weisheit der Träume voll und bewusst erschließen.

»Wie das?«, werden Sie fragen, wenn Sie sich an kein luzides Traumerlebnis erinnern können.

Wenn Sie bewusst Ihren Traum erleben und später in ihn eingreifen, werden Sie bemerken, dass Ihr Traum-Ich zu bestimmten Verhaltensmustern neigt. Bei Gefahr möchte es zum Beispiel fliehen oder es strebt stets dem Bekannten zu und meidet das Unbekannte. Wenn Sie das erkennen, können Sie es auf der Traumebene ändern. Im luziden Traum ist es leicht, Ungewohntes auszuprobieren. Das luzide Träumen stellt nämlich ein Experimentierfeld für neue Verhaltensweisen und die Veränderung alter Verhaltensmuster dar. Was wir bewusst im luziden Traum einüben, das fällt uns im Alltagsleben leichter, weswegen beispielsweise einige Sportler mit luzidem Träumen trainieren, da dabei nicht die Gefahr der Trainingsverletzungen besteht.

Für den, der ernsthaft das luzide Träumen betreibt, ist es ein Weg der inneren Schulung und Selbstvervollkommnung.

Nachteile des luziden Träumens

Wenn das menschliche Gehirn so einfach wäre,
dass wir es verstehen könnten,
wären wir so einfach,
dass wir es nicht verständen.
EMERSON PUGH

Wenn wir unsere Träume bewusst verändern wollen, dann kommen wir genau jener Haltung nach, die in unserer Gesellschaft ständig geübt wird: Das männliche Bewusstsein dringt in die weibliche Sphäre ein. So gesehen halte ich es nicht für ratsam, in seine luziden Träume aktiv einzugreifen, sondern sie nur in meditativer Haltung zu beobachten. Wenn beispielsweise die amerikanische Autorin Patricia Garfield das luzide Träumen dazu benutzt, um einen Idealpartner zu finden, mit dem man Safer Sex praktizieren kann, ist das von dem Denken geprägt, dass technisch alles machbar ist. Dieses Denken hat uns geradewegs in die ökologische Krise gesteuert und wird auch vor unserem inneren ökologischen Gleichgewicht nicht Halt machen.

Auf der anderen Seite zeigt uns das luzide Träumen unsere Begrenzungen. Sie werden freilich bemerken, dass Sie doch nicht alles tun können, was Sie wollen. Ich erwachte beispielsweise stets beim bewussten Träumen, wenn ich auf einen Angreifer zugehen wollte. Klienten haben berichtet, dass sie dann aufwachten, wenn sie sich umdrehen wollten. Sie werden es bemerken, als luzide Träumer können Sie manches erzwingen, anderes nicht. Sie können aber auf jeden Fall viel mehr verändern als sonst in Ihrem Leben.

Luzidität im Überblick

Luzides Träumen ist eine Bewusstseinsübung, die wie alle solchen Übungen geduldig erlernt werden muss.
Man kann mit luzidem Träumen Folgendes erreichen:

- sich selbst genau beobachten
- neue Verhaltensweisen ausprobieren
- seine Konzentrationsfähigkeit und seine Geduld trainieren
- in seinem Bewusstsein forschend umherwandern

Vorteile des luziden Träumens:

- man vergisst solch einen Traum nicht
- man erlebt seine Freiheit
- man gestaltet aktiv seine Traumwelt und damit auch seine alltägliche Welt

Nachteile des luziden Träumens:

- es muss geduldig erlernt werden
- man gibt sich nicht dem Traum hin, sondern manipuliert ihn
- einseitige Stärkung der männlichen Seite (des *Animus*)

Luzides Träumen wird als Heilmittel bei häufig auftretenden starken Erregungszuständen im nächtlichen Traum eingesetzt, bei starken Prüfungsängsten und dem Erlernen komplexer Bewegungsabläufe im Leistungssport.

14

Traum – Vision – Träumereien

Jede Zeit ist zusammengesetzt aus Bruchstücken von Zukunft, Gegenwart und Vergangenheit.
LUC BONDY

In früheren Zeiten war klar: Visionen haben nur die Heiligen. Sünder dagegen vertändeln ihre Zeit mit Träumereien. Träumereien sind zu tadelnde Weltflucht. Der Traum wird dem Volk vom Teufel, den Herrschenden und Gottgerechten aber von Gott gesandt.

Für den aufgeklärten Blick unseres Jahrhunderts sind Traum, Vision und Träumerei näher zusammengerückt. Traum, Vision und Träumerei sind unterschiedliche Spielarten und Ausdrucksformen unserer Fantasie. Man könnte sie Sprachrohre unseres Unbewussten und Überbewussten nennen.

Im Traum teilt sich die Weisheit unseres Unbewussten und Überbewussten mit. Auf das Bewusstsein wirken diese Äußerungen verwirrend, aber zugleich verführerisch anziehend. Es ist die Magie der Freiheit, die unser Bewusstsein im Traum erahnt.

Visionen sind oft wunderschöne oder fürchterliche Traumgebilde. Die Apokalypse des Johannes war das Vorbild vieler düsterer Visionen, denen die Visionen vom Paradies, wie sie Hieronymus Bosch (eigentlich: Jeronimus Bosch van Aken, 1450–1516) so verführerisch malte, entgegenstanden. Das Mittelalter war die Blütezeit der literarisch ausgearbeiteten Visionen. Hildegard von Bingen (1098–1179) und Juliana von

Norwich (etwa 1342–1416) gehören zu den ersten Schriftstellerinnen, die ihre Visionen niederschrieben. Die Vision stand zu Beginn der von Frauen geschriebenen Literatur. Sie ist das Sprachrohr des weiblichen Bewusstseins. Da wir in Zeiten der Vorherrschaft des männlichen Bewusstseins leben, sind Visionen rar geworden. Die postmoderne Vision ist die Geschäftsvision, bei der sich Traum und Wirklichkeit im profitablen Verhältnis mischen.

Die Romantiker liebten die Träumerei. Ihre Kunstmärchen sind wunderschöne Träumereien von einer oft idealisierten mittelalterlichen Welt. Das Zeitalter der Romantik verliebte sich kollektiv in die inneren Welten und floh somit der unerquicklichen Wirklichkeit seiner Zeit.

Traum, Vision und Träumerei und alles, was dazwischen liegt, ist von einem kritischen Blick auf unsere Wirklichkeit geprägt. Der Traum inspiriert uns dazu, sie mit anderen Augen zu betrachten. Die Vision gibt das Ziel der Verbesserung oder Verschlechterung der Wirklichkeit an und die Träumerei liefert das Gegenbild zu ihr. Traum, Vision und Träumerei inspirieren dazu, etwas zu verändern. Sie sind graduell verschieden und gehen bis zur Ununterscheidbarkeit ineinander über. Wir können den nächtlichen Traum, die hypnagogen Zustände, Tagträume und Träumereien, luzides Träumen, die Vision und unser Tagesbewusstsein nach dem Verhältnis vom Bewusstsein zum Unbewusstem in ihnen unterscheiden: Der nächtliche Traum ist der Bewusstseinzustand, in dem das Bewusste dem Unbewussten wenig entgegensetzt. Im Tagesbewusstsein ist das Bewusste der Herrscher über das Unbewusste. In den luziden Träumen halten sich Bewusstes und Unbewusstes in etwa die Waage. Die Vision kann als archetypischer Traum gedeutet werden, in dem ein höheres Bewusstsein auf das Unbewusste des Visionärs wirkt und so überpersönliche Weisheiten vermittelt.

Die schamanische Trance und die Meditation fallen aus diesem Bewusstseinzustand des Traums heraus. Anhänger dieser Techniken nutzen zwar ebenfalls die Kraft der Symbole, es geht ihnen aber vor allem um Reisen in andere Welten, die als real und nicht symbolisch eingestuft werden. Der distanzierte Blick des Psychologen würde jedoch auch Trance und Meditation als symbolische Äußerungen des Unbewussten betrachten.

Es kommt auf Sie an, ob Sie einen besonderen Traum als Vision, Traum oder Träumerei ansehen. Das drückt nur aus, welchen Stellenwert Sie ihm in Ihrem Leben zuweisen. Nennen Sie ihn Vision wird er seine visionäre Kraft für Sie entfalten. Nennen Sie ihn Traum wird er Ihren Lebensweg inspirieren. Nennen Sie ihn Träumerei öffnen Sie sich seiner kreativen und spielerischen Kraft. Einen Traum als Vision, archetypischen Traum oder Träumerei zu bezeichnen, ist dessen erste Interpretation.

Bewusstseinszustände des Traums im Überblick

Die unterschiedlichen traumartigen Zustände sind Ausdruck der Flexibilität des menschlichen Bewusstseins. Sie unterscheiden sich durch das Maßverhältnis der Anteile des Bewusstseins zu denen des Unbewussten.

Nächtlicher Traum:	viel Unbewusstes, wenig Bewusstsein, deswegen treten oft Erinnerungsschwierigkeiten auf Ziel: Veränderung der Perspektive der Träumerin oder des Träumers
Hypnagoger Zustand:	ein wenig mehr Unbewusstes als Bewusstsein, deswegen werden die Bilder dieses Zustands oft mühelos behalten Ziel: Einstimmung auf die Welt des nächtlichen Traums
Tagtraum/Träumerei:	Unbewusstes und Bewusstes halten sich in etwa die Waage, deswegen treten wenig Erinnerungsprobleme auf

	Ziel: psychologische Stabilisierung durch Bilder, die sich komplementär zur Alltagswirklichkeit des Träumers verhalten
Vision:	Unbewusstes und Bewusstes halten sich in etwa die Waage, deswegen werden Visionen gut behalten Ziel: die Entwicklung von überpersönlichen Utopien und Bildern der Zukunft (ähnlich wie beim archetypischen Traum)
Luzider Traum:	etwas mehr Bewusstsein als Unbewusstes, deswegen werden diese Träume immer behalten Ziel: Willens- und Konzentrationsschulung, Ausprobieren neuer Verhaltensweise
Wachbewusstsein:	im Idealfall viel Bewusstsein und wenig Unbewusstes Allerdings ist das Wachbewusstsein von den unterschiedlichen traumhaften Bewusstseinszuständen durchsetzt

Werke der bildenden Kunst und der Literatur, der Musik und des Tanzes können ebenso als traumhafte Bearbeitung der Wirklichkeit angesehen werden. Sie stellen wie Märchen und Sagen kollektive Träume dar, bei denen das Unbewusste das Bewusstsein zur künstlerischen Gestaltung inspiriert.

Alle diese Bewusstseinszustände gehen ineinander über und es ist oft eine Frage der Interpretation, als was man den entsprechenden traumhaften Zustand bezeichnet.

15

Astralreisen – Reisen an andere Orte, in andere Wirklichkeiten

Unverständlichkeit ist eine Folge des Unverstandes.
Dieser sucht, was er hat
und kann so niemals weiteres finden.
Novalis

Die Königin Ranavalona von Madagaskar verbot bei Todesstrafe, dass ihre Untertanen sie in ihren Träumen besuchten. Also muss das oftmals vorgekommen sein. Ist dies ein symbolischer Ausdruck des Größenwahns dieser Herrscherin oder besuchten sie ihre Untertanen real?

Für einige Träumer ist es zweifellos klar, dass sie wirklich im Traum ihren Körper verlassen und an andere Ort reisen können. Alice B. Bailey (ABB genannt, 1880–1949) und später alle Theosophen warnten die Träumer davor, nicht die Silberschnur, durch die sie während der Astralreise des Traums mit ihrem Körper verbunden sind, zu durchreißen. Reißt sie, hat der Reisende Pech. Er gelangt nicht mehr in seine körperliche Hülle zurück und bleibt als Irrender im jenseitigen Reich zurück. Die Silberschnur könnten wir als das Bewusstsein betrachten, das uns an unseren Körper bindet. Wird das Bewusstsein aufgegeben, sind wir verloren.

Rudolf Steiner sah den Traum ebenfalls als eine Astralreise an:

Die Seele des Träumers besucht andere Welten, um dort unterwiesen zu werden. Schamanen in Nepal nehmen sogar an, dass die menschliche Seele jede Nacht sechs Stunden den Körper verlassen muss, um die Kraft für den Tag zu sammeln. Jedoch geht nach theosophischer, anthroposophischer und schamanischer Auffassung die Seele nicht in das individuelle Traumreich der Träumerin oder des Träumers, sondern sie begibt sich, um zu lernen, in das Land der Schamanen. Dieses Land ist wirklich. Jeder Schamane kennt es. Es besitzt eine konkrete Geografie und ist nicht symbolisch zu verstehen. Von schamanischer Seite her wird ein deutlicher Unterschied zwischen persönlicher Traumwelt und überpersönlicher Welt der Schamanen gesehen. Ein Schamane würde sich missverstanden fühlen, wenn man die Orte seiner Reise und seine Erlebnisse auf ihr symbolisch deutete. Der moderne westliche Mensch freilich pflegt alle andersweltlichen Ereignisse durch die psychologische Brille zu betrachten. Er sieht ohne weiteres Flugträume als eine Astralreise an. Für Rudolf Steiner und Helena Petrowna Blavatsky (Mitbegründerin der Theosophischen Gesllschaft in New York, 1831–1891) ist letztendlich jeder Traum als Astralreise anzusehen.

Einige Astralreisende wurden wie der sagenhafte Graf von St. Germain in verschiedenen Zeitaltern gesehen oder gleichzeitig an mehreren Orten – solche Erzählungen erregten die Gemüter in esoterischen Kreisen des frühen zwanzigsten Jahrhunderts. Die »normalen« Astralreisenden gleichen den luziden Träumern in der Hinsicht, dass sie das Gefühl haben, im Traum wirklich in eine andere Welt zu reisen, um dort Abenteuer zu bestehen. Sie verspüren absolute Freiheit und dennoch scheint alles ohne ihren Willen und außerhalb ihrer Kontrolle zu geschehen. Alles geschieht wie im Traum, für sie ist es real. Sie sind wirklich auf der Reeperbahn, in Atlantis oder im Dschungel gewesen. Sie wissen es. Wie kann man dem widersprechen?

»Kann man sich im Traum wirklich bewusst an einen anderen Ort bewegen?«, fragt kopfschüttelnd der Skeptiker. Erfahrungen mit dem luziden Träumen zeigen, dass man zumindest bewusst und unbewusst zugleich sein kann. Aber unkörperlich an andere Orte zu reisen, sprengt unsere Vorstellungskraft und regte die Fantasie der Dichter an.

Doch wer sagt uns, dass wir im Traum nicht real zu anderen Orten reisen? Wir erleben jeden Ort, an dem wir uns während des Traums befinden, als wirklich. Wir schlendern durch die Gassen der Stadt oder befinden uns wirklich in dem Hotelzimmer in New York, in dem wir nie zuvor gewesen sind. So erscheint es Ihnen während des Traums. Aber vergessen wir eines nicht: Der Traum äußert sich symbolisch und spätestens das sich an den Traum erinnernde Bewusstsein sollte sich darüber klar sein, dass hier eine symbolische Reise stattfand. Ist das nicht der Fall, dann ist der Silberfaden gerissen und der Traumreisende befindet sich auf gefährlichem Terrain an der Grenze zur Geistesverwirrung.

Das Wort »Astralreisen« sagt es deutlich: Es handelt sich nicht um eine Touristen- oder Geschäftsreise, sondern um eine Reise in die Welt der Entsprechungen. Seit dem Mittelalter wird die Astralebene als die Welt der Entsprechungen und der Gefühle angesehen. Sie ist die Parallelwelt zu unserer Wirklichkeit. Der führende englische Theosoph Charles Webster Leadbeater (1847–1934) meinte, dass die astrale Welt zwar unserer Alltagswelt entspreche, aber »aus einer anderen, unfassbaren Materie besteht«. Ich meine, diese »unfassbare Materie« ist jene der Symbole, die unserer Alltagswelt entsprechen, aber dennoch nicht fassbar sind.

Ob wir annehmen, dass wir zu inneren oder äußeren Orten reisen, ist letztendlich unerheblich, denn die entscheidende Frage lautet: Warum zieht uns dieser Ort an? Für die psychische Gesundheit des Träumers oder der Träumerin ist es jedoch wesentlich, die traumhaften Reisen als symbolische zu betrachten.

Warum gehen die Untertanen zu ihrer Königin? Das ist ein Bild dafür, dass unser Bewusstsein sich stets von unserer Seele angezogen fühlt.

In der Magie werden noch heute Astralreisen unternommen, die man zumindest auf der Ebene der populären Magie nicht als symbolische, sondern als reale Reisen ansieht. In einem traumartigen Zustand versucht man, sich bewusst von seinem physischen Körper zu trennen, um seinen Astralkörper auszusenden. Das Ziel ist meistens, dritten Personen im Traum zu erscheinen. Man plant also ein Rendezvous auf der Astralebene. Solche Treffen scheinen bisweilen zu glücken. Auch geistige Lehrer und Schamanen behaupten, auf einer der Astralebene entsprechenden Ebene ihre Schüler zu treffen und sie dort zu unterweisen. Die Schüler bestätigen das. Ich habe das selbst schon erlebt. Es wird aber deutlich gesagt, dass diese Verabredungen und Reisen auf der Astralebene stattfinden und dass das nichts mit weltlicher Geografie und Alltagsrealität zu tun hat.

Sich auf solche Verabredungen hin gegenseitig im Traum zu treffen, ist möglich. Der Magier benutzt hierzu Techniken, die dem luziden Träumen ähneln. Während des Zustands der Luzidität macht er sich bewusst, dass er seinen Körper verlässt, wohin er reisen und wen er treffen wird. Dann stellt er sich darauf ein, dass er alle Ereignisse in eine positive Realität verwandelt. Er reist in seinem Traum der Traumwelt des anderen entgegen. Für ihn ist klar, dass er sich in der Traumwelt des Gesuchten befindet und bewegt. Ein rationalerer Geist würde das als einen Besuch der Projektion der Traumwelt des anderen in der eigenen Traumwelt ansehen. Der Magier ist sich gewiss, dass er sich wirklich in diesem Raum und in dieser Zeit befindet und auf seiner Reise den Lauf der Geschichte ändern kann. Diese Vorstellung hat die Science-Fiction-Literatur vielfach durchgespielt.

Aber hier stellt der Traumdeuter die Fragen: Warum wird der Magier von der Welt des anderen so angezogen? Und: Was bedeutet ihm die Veränderung der Geschichte?

Astralreisen – ein Überblick

Bei den Astralreisen scheiden sich die Geister, ob diese real, spirituell oder symbolisch zu betrachten sind.

Astralreisen aus der Sicht der Traumdeutung:

Astralreisen sind symbolisch zu verstehen. Die Schlüsselfrage lautet: Warum werde ich von diesem Ort angezogen?

Diese Auffassung der Astralreise verdeutlicht persönliche Fixierungen.

Astralreisen aus der Sicht der Esoterik (speziell Theosophie):

Astralreisen sind Projektionen des Astralkörpers auf die Astralebene. Die Astralebene ist dabei die Welt der Entsprechungen. Astralreisen finden als Projektionsphänomene unkörperlich statt.

Diese Auffassung der Astralreisen fördert überpersönliche Erkenntnisse und ähnelt oftmals der Vision.

Astralreisen aus der Sicht der populären Magie:

Der Magier reist real, um seine Macht und seinen Willen zu erweitern. Er kann körperlich sowohl im Bett liegen als auch zugleich am Ort seiner Wahl agieren.

Diese Auffassung von Astralreisen halte ich für gefährlich für die psychische Gesundheit.

16

Traum, Kreativität und Kunst

Traum und Realität
verschmelzen zu einer absoluten,
höheren Realität oder Surrealität.
André Breton

Wir sahen es bereits: Der Traum ist ein Kunstwerk. Wir sprechen von der »Kunst der Traumdeutung«. Gleiches versteht Gleiches – die Kunst versteht den Traum. Ferner ist der Traum eine Quelle der Inspiration. In ihm wird unsere Kreativität geboren. Die Dadaisten und Surrealisten (1924 gründeten die vormaligen Dadaisten Breton, Aragon, Eluard den Surrealismus) waren sehr an Träumen interessiert. Beide Gruppen waren fest davon überzeugt, dass alle kreativen Impulse aus den unbewussten Traumwelten stammen. Die surrealistischen Maler bannten ihre Träume auf die Leinwand, was vor ihnen schon Hieronymus Bosch und Pieter Breughel der Jüngere (genannt »Höllen-Breughel«, 1564–1638) praktizierten. Ihre Bilder bieten sich geradezu zur Traumdeutung an.

Zwischen Traum, Kreativität und Kunst gibt es seit ewigen Zeiten eine enge Verbindung. Literatur, Gemälde, Musik, Film und Skulpturen sind wie Träume, welche die Realität des Künstlers bearbeiten. Wir können sie mit den Methoden der Traumdeutung mit Gewinn betrachten und so von ihnen lernen, unsere Träume besser zu verstehen. Es sind keineswegs nur die eigenen Träume, die uns anregen.

Den persönlichen und den künstlerischen Traum zu betrachten, hilft uns, den eigenen inneren Künstler, den Traumkünstler in uns zu entdecken. Wie das innere Kind, das Jung als das archeytypische Bild des göttlichen Kindes beschrieb, lebt in uns ein innerer Künstler. Man kann ihn als den inneren Regisseur sehen, der den Film des Traums für uns inszeniert. Fragen Sie sich bei jedem Traum, warum dieser Film für Sie gedreht wurde. Welcher Teil von Ihnen hat diesen Film in Auftrag gegeben? Was will er damit bezwecken?

Wie man die Kunst mit der Methode der Traumdeutung betrachten kann, so kann man den Traum als Kunstwerk analysieren. Traum und Kunst bestehen aus Kompositionen von Symbolen, die auf ihren Schöpfer und sein gesellschaftlich-kulturelles Umfeld verweisen. Ob der Traum oder ein Gedicht sagt: »Draußen scheint die Sonne«, nie würden Sie das als eine meteorologische Aussage werten, sondern stets schauen, was das im Zusammenhang des Traums oder des Gedichts bedeutet. Letztendlich stellt sich die Frage: »Was sagt das über den Dichter oder über Sie aus?« »Was will das Gedicht uns sagen?«, so fragten schon Generationen von Deutschlehrern in der Schule. »Was will der Sonnenschein im Traum uns sagen?«, fragt der Traumdeuter und vermutet den Ausdruck eines heiteren Bewusstseins.

Der Traum und das Kunstwerk sind beide komplex und besitzen viele Ebenen, die ein Betrachter in ihnen entdecken kann. Wie es verschiedene gültige Deutungen eines Kunstwerks gibt, so besitzt auch der Traum viele Ebenen, die zu verschiedenartigen Deutungen herausfordern. Ein tieferes Verständnis von Traum und Kunst erlangt, wer einige dieser Ebenen zu erfassen und nicht nur eindimensional bei einer Ebene zu bleiben in der Lage ist.

Ich liebe die Traumdeutung nicht nur, weil sie mir hilft, mich selbst besser zu verstehen und anderen zu einem tieferen Verständnis zu verhelfen, sondern auch als kulturelles Unterfangen. Jeder Traum ist für mich wie ein Film oder ein literarischer Text, der Kulturelles verwebt, um den Träumer und die Träumerin zu bilden und damit zu erden. Bildung bedeutet, eine weitere Perspektive zu bekommen, indem man mehr weiß. Unsere Kultur- und unsere Lebensgeschichte folgen ähnlichen Gestaltungsprinzipien. Deswegen empfahl Jung das Lesen der Weltliteratur, als er gefragt wurde, wie man seine traumdeuterischen Fähigkeiten schult. Jede Kunstbetrachtung schult Ihren Scharfblick für die Traumdeutung. Umgekehrt schärft die Beschäftigung mit den Bilderwelten des Traums unseren Blick für die Kunst. Es ist erstaunlich, mit welcher Unbekümmertheit man heute die Kultur missachtet, um sie durch eine reduzierte Lesart des Menschen zu ersetzen. Wenn Sie sich freiheitlichen Gemüts dieser Reduzierung widersetzen wollen, beschäftigen Sie sich mit Ihren Träumen und mit unseren Kulturgütern. Beide ergänzen und unterstützen sich, wodurch Ihr Leben reicher wird.

Freud und Jung, die Väter der modernen Traumdeutung haben sich zum Ende ihres Lebens weit gehend der Betrachtung der Kulturgüter mit Methoden der psychologischen Traumdeutung gewidmet. Sigmund Freud schrieb unter anderem über Leonardo da Vinci (1910) und Michelangelo (1914), über Shakespeare (1913), Goethe (1917) und Dostojewski (1928). Er fasst seine Studien zusammen mit der Erkenntnis, dass der Künstler den individuellen Traum durch Abänderungen und Verhüllungen mildert und uns durch ästhetischen Lustgewinn und Erkenntniszuwachs besticht. Jung beschäftigte sich ebenfalls tiefsinnig mit der Symbolik in der modernen und klassischen Literatur und liebte es, literarische Träume zu deuten. Er hielt sich für mit Goethe verwandt, was freilich ein nur von ihm gepflegter Mythos war.

Kunst und Traum – eine Zusammenfassung

Der Traum ist ein Kunstwerk – jedes Kunstwerk ist ein Traum.

Traum und Kunst

- bestehen aus einer spezifischen Anordnung von Symbolen
- inspirieren den Betrachter

- mischen persönliche und überpersönliche Aussagen
- besitzen viele Ebenen, wodurch mehrere gültige Deutungen möglich sind
- machen auf kulturell geprägte Muster aufmerksam

Jeder Traum ist wie ein Kunstwerk zu deuten, das unser innerer Künstler produziert hat. Ein Kunstwerk ist wie ein Traum zu deuten, den ein äußerer Künstler für uns produziert hat.

17

Traumdeutung für andere

Du gleichst dem Geist, den Du begreifst.
Nicht mir.
Goethe

Halten Sie es unbedingt streng geheim, dass Sie dieses Buch lesen und sich mit Träumen beschäftigen. Tun Sie es nicht, haben Sie keine ruhige Minute mehr. Auf jeder Party, in der Kneipe oder wo immer werden Sie gefragt: »Darf ich Ihnen schnell mal einen Traum erzählen?«

Fallen Sie nicht darauf herein! Die Kneipe, eine Party oder der Straßenrand sind keine günstigen Orte für die Traumdeutung. Der Fragende will ein Gespräch beginnen; eine tiefsinnige Betrachtung seines Traums würde eher stören. Die Traumdeutung gehört an den besonderen Ort, der eine gewisse Intimität ausstrahlt und an dem man ungestört ist. Traumdeutung zwischen Tür und Angel sollte also entweder vermieden oder besser noch zum allgemeinen Plaudern über Träume umfunktioniert werden.

Wenn Sie für andere Menschen Träume deuten möchten, dann treffen Sie sich an einem besonderen Ort und lassen sich deren Träume erzählen. Betrachten Sie jeden Traum so, als ob es Ihr eigener Traum wäre. Sie können die Deutung mit »Wenn das mein Traum wäre …« beginnen. Als ideale Deutung des Traums wird natürlich diejenige angesehen, die den Träumer selbst dazu bringt, einen Sinn seines Traums zu erkennen. Dem Anfänger in der Traumdeutung gelingt das eher selten. Meistens bietet er erst einmal seine eigenen Assoziationen an. Er deutet den Traum konsequent als seinen eigenen Traum – häufig ist ihm das allerdings nicht bewusst. Sein Gegenüber freut sich meist darüber, da es so einige Hinweise bekommt, wie es seinen Traum noch anders betrachten kann. Es nimmt sich dankbar aus Ihrer Deutung heraus, was es gebrauchen kann und ist damit zufrieden. Auf der Ebene der Traumdeutung unter Freunden und Bekannten ist das der passende Weg. Dort wäre es falsch, den Träumer in das Land seiner Schatten zu treiben. Solche Traumdeutung kann aber in ein spannendes Bildungsgespräch übergehen, was nach Freud zu Unrecht als Rationalisierung abgestempelt wird. Nicht jede Traumdeutung muss von einem tiefen therapeutischen Anspruch getragen sein. Gerade dieser Anspruch hat seine Tücken und lässt den Anfänger leicht in Platituden entgleiten. Außer wenn Sie Therapeut oder Therapeutin sind, lassen Sie sich niemals zu einer Traumdeutung mit therapeutischem Anspruch verführen. Sie beraten den Träumer. Sie therapieren ihn nicht.

Bieten Sie Ihre Traumdeutungen zunächst als Spiel oder Möglichkeit an und nur Menschen, bei denen Sie das Gefühl haben, sie seien nicht gestörter als Sie. Wenn Sie bemerken, dass die Träumerin oder der Träumer sich in einer psychisch instabilen Phase befindet, dann halten Sie sich mit Ihrer Traumdeutung stark zurück. Solche Personen sind oft nicht zu stoppen. Wenn man sie nur reden lässt, deuten sie sich ihren Traum selbst. Hier greifen Sie als Anfänger und Traumdeuter ohne therapeutische Erfahrung wenig oder gar nicht ein. In solchen Fällen werden Sie erst dann aktiv, wenn es Ihnen gelingt, eine mitfühlende Distanz zu wahren.

Wenn Sie betonen, dass es Ihnen bei einer Traumdeutung nicht darum geht, alte Probleme zu erkennen und aufzulösen, sondern dass Sie ganz pragmatisch die Träume benutzen, um den Träumer seine nicht gelebten Möglichkeiten zu zeigen, dann werden Sie diejenigen anziehen, die keine therapeutische Hilfe von Ihnen erwarten. Ich empfehle Ihnen als Leitspruch: »Nicht überall Probleme sehen!« Der Anfänger der Traumdeutung sollte Problemgebiete bei den Träumen anderer wie bei seinen eigenen Träumen meiden und sich stattdessen produktiv auf die im Traum aufgezeigten Chancen und Möglichkeiten konzentrieren. Haben Sie keine Bedenken, dass Ihnen diese nicht auffallen. Sie werden bemerken, dass es um einiges einfacher ist, die Träume einer anderen Person zu überblicken als die eigenen. Ihr Traum zeigt Ihnen etwas, das Sie sonst nicht sehen. Der Traum der anderen Person zeigt jedoch etwas, das sie als Außenstehender gut erkennen können.

Traumgruppen

Traumgruppe ist Austausch.
Austausch ist Leben.
SILKE, MITGLIED EINER TRAUMGRUPPE

Wenn Sie sich über Ihre Träume austauschen wollen, sind Traumgruppen ideal. Solche Gruppen brauchen nicht unbedingt von einem Spezialisten geleitet zu werden. Laientraumgruppen haben eine lange Tradition. Sie wurden von Freud zu Beginn seiner Karriere stark propagiert. Und es gibt sie inzwischen in vielen deutschen Großstädten. Man kommt zusammen und einer erzählt seinen Traum, worauf die anderen zu den Traumbildern assoziieren und frei ihre Gedanken über den Traum austauschen. Die Gruppenmitglieder sind sich klar darüber, dass sie diesen Traum betrachten, als ob es der eigene wäre und erkennen folglich die eigene Problematik darin. Sie werden erstaunt bemerken, dass unsere Träume nicht so verschieden sind, wie sie dachten. Die meisten Träume hätte beinahe jeder in der Gruppe ähnlich träumen können. Es scheint so, als ob die einzelnen Mitglieder stellvertretend für die anderen träumten. Das Schlusswort zum Traum haben der Träumer oder die Träumerin. Sie bestimmen, welche Deutung für sie gültig und hilfreich ist. Das ist auch deswegen wesentlich, da so jedes

Gruppenmitglied die Freiheit hat, die Deutung seines Traums zu beenden, wenn er oder sie zum Beispiel nicht tiefer in ein Problem eintauchen möchte.

In solch einer Laientraumgruppe hilft man sich gegenseitig beim Verstehen seiner Träume und lernt so viel über die Möglichkeiten der Traumdeutung. Man sieht, dass jedes Gruppenmitglied einen anderen Stil der Deutung pflegt. Die einen beziehen alles sogleich auf das Alltagsleben des Träumers, die anderen schwelgen in der Geschichte der Symbolik, wiederum andere loten wie die Romantiker die Tiefen der Gefühle aus. Von jedem können Sie sich etwas abgucken und Ihre Träume bekommen Sie dazu noch regelmäßig gedeutet.

Für jeden, der sich intensiver mit Träumen auseinander setzen möchte, bringt die Teilnahme an einer Laientraumgruppe Fortschritte – selbst wenn man später einzig die eigenen Träume betrachten möchte. Hat man keine solche Traumgruppe in der Nähe, kann man an Wochenendgruppen teilnehmen, die meist an einem schönen Ort stattfinden, um sich unter Anleitung mit seinen Träumen tiefer gehend zu beschäftigen. Solche Gruppen sind zu empfehlen, da Sie dort erleben können, wie ein Spezialist an Träume herangeht. Sie können sich die Tricks und das Wissen eines Fachmanns abgucken, um sie für Ihre Deutungen fruchtbar zu machen.

Ob Sie sich für eine Wochenendgruppe oder für eine regelmäßige Laiengruppe entscheiden, achten Sie darauf, dass es in der Traumgruppe mitfühlend und höflich zugeht. Eine Atmosphäre gegenseitiger Hilfe prägt eine produktive Traumgruppe. Bedenken Sie, dass wir jedes Mal, wenn wir einen Traum erzählen, mehr von uns preisgeben, als wir bewusst wahrnehmen. Gehen Sie deshalb behutsam mit eigenen und fremden Gefühlen um. Gefühle dürfen zwar gezeigt werden, aber es wird keiner emotional verletzt. Jedes Mitglied ist bereit, sich zu öffnen und deswegen verletzlich. Es muss sich zugleich sicher sein können, dass nichts aus der Traumgruppe nach draußen getragen wird. Es wird in der Gruppe gleichberechtigt miteinander umgegangen und die Traumdeutung wird niemals unter Leistungsdruck praktiziert. Seien Sie so ehrlich und bewusst wie möglich den anderen Mitgliedern gegenüber und achten Sie auf das Schwingen von Sympathie und Antipathie in der Gruppe.

In meinen Traumgruppen habe ich stets darauf geachtet, dass jedes Mitglied in etwa den gleichen Raum bekommt, um seinen Traum zu erzählen. Es hängt von der Gruppe ab, wie viel Träume besprochen werden können. Grundsätzlich neige ich dazu, lieber weniger Träume zu besprechen, sie aber dafür in spielerischer Weise ausführlich zu bearbeiten. In Gruppen, die sich einmal pro Woche für zwei bis drei Stunden treffen, bietet es sich an, nur einen Traum pro Sitzung zu betrachten. In vielen Traumgruppen hat es sich ferner schon aus gruppendynamischen Gründen bewährt, aktuelle Träume, in denen ein Mitglied der Gruppe auftritt, bevorzugt zu betrachten. Wenn einer Träumerin oder einem Träumer ein Traum sehr wichtig ist, kann auch darauf Rücksicht genommen werden. Es gibt Träume, deren Betrachtung einem unter den Nägeln brennt und zu denen man dennoch keinen Zugang findet. Für die Betrachtung solcher Träume ist eine Traumgruppe ideal. Es gibt immer einen oder mehrere in der Gruppe, denen Ideen zu solch einem Traum zufallen.

Es fördert die Offenheit in der Gruppe, wenn Warum-Fragen gemieden werden. Dieser Fragetyp treibt den Gefragten in die Defensive. Betonen Sie stattdessen die Frage nach der Umsetzung der Traummitteilung in die Alltagswelt des Träumers. Und nicht zuletzt darf in einer Traumgruppe der Spaß nicht zu kurz kommen. Träume erfassen Sie am besten mit Humor und Lachen, weil die Träume selbst oft witzig sind. Meiner Erfahrung nach wird in produktiven Traumgruppen viel gelacht. Es ist altes Narrenwissen, dass Lachen der Ausdruck einer tieferen Erkenntnis ist.

Über die Homepage von Traumonline (*www.traumonline.de*) können Sie erfahren, ob und wo es Traumgruppen in Ihrer Nähe gibt, wo Sie Wochenendgruppen zum Traum finden und wo Spezialisten Traumgruppen führen. Und wenn Sie dort nichts Passendes für sich finden, gründen Sie doch selbst eine

Gruppe. Vielleicht beginnt das ganz natürlich, indem Sie sich erst einmal regelmäßig mit Ihrer Freundin zum Traumaustausch treffen. Die kennt dann vielleicht noch einen, der mitmachen möchte und auf diese Weise kann man gemütlich beim Tee über seine Träume spekulieren. Sehen Sie es als ein spannendes Spiel an, das Ihnen hilft, sich regelmäßig mit Ihrer Traumwelt zu beschäftigen. Das ist es, worauf es ankommt: sich regelmäßig mit seinen Träumen zu beschäftigen. Dabei fördert Sie eine Traumgruppe ganz natürlich.

Bei Traumgruppen, die länger miteinander arbeiten, so dass sich die Mitglieder gut kennen, ist darauf zu achten, dass sich keine Deutungsmonotonie einschleicht. Es besteht nämlich die Gefahr, dass in solch einer Gruppe die Träume der einzelnen Mitglieder stets auf das gleiche Problem bezogen werden. In jedem Traum von Ulrike erkennt man ihre Beziehungsunfähigkeit und zugleich ihre Sehnsucht nach Bindung, in jedem Traum von Ewald erkennt man seine Rolle als kopfgesteuerter tragischer Held wieder. Jedem wird bei jedem Traum sein Thema zugeordnet. Wird eine derartige Deutungsmonotonie bemerkt, sollte die Gruppe vereinbaren, dass die entsprechende Ebene des Traums nicht mehr angesprochen wird. Es gibt noch so viele andere Ebenen zu betrachten. Ihnen kann man sich nun zuwenden.

Mailinglisten

Da geht die Post ab.
Volkstümlicher Ausdruck

Ich leite seit längerer Zeit eine Mailingliste, auf der sich Freunde des Traums fast täglich über E-Mail austauschen. Menschen aus den verschiedenen Regionen Deutschlands und über die Landesgrenzen hinaus unterhalten sich über ihre Träume. Man muss Mitglied einer solchen Liste sein, die sich als privater Traumzirkel versteht. Meiner Erfahrung nach können sich nicht mehr als zehn bis maximal fünfzehn Träumer in solch einer Liste sinnvoll austauschen. Bei mehr Mitgliedern wird es unübersichtlich, wer was zu welchem Traum schreibt und das Mailaufkommen ist zu hoch. Bei 10 bis 15 Mitgliedern einer aktiven Liste fallen erfahrungsgemäß bereits um die zehn Mails täglich an.

Eine Mailingliste besitzt den Vorteil, dass sie relativ anonym ist. Einige Mitglieder lieben geheimnisvolle Namen, keiner braucht seine Identität preiszugeben. Es entsteht trotz oder vielleicht auch wegen der relativen Anonymität häufig ein intensiver und persönlicher Austausch. Es ist eine flüchtige Kommunikation über den Traum, die jedoch jederzeit intensiv und tiefsinnig werden kann.

Dadurch dass wir die anderen Mitglieder der Mailingliste außer von E-Mail-Äußerungen nicht kennen, bemerken wir viel deutlicher als bei einem persönlichem Gespräch, wie wir nur über uns selbst reden. Angesichts der Unbekannten spiegeln wir uns selbst. Dass jeder Traum so kommentiert wird, als ob es der eigene wäre, ist in einer Traum-Mailingliste selbstverständlich. Es werden keine Deutungen aufgedrängt, sondern nur Angebote aus spontaner Betroffenheit heraus gemacht.

Gute Traum-Mailinglisten werden von Diplompsychologen geleitet, die darauf achten, dass in der Gruppe eine konstruktive Atmosphäre herrscht. An einigen Träumen geben sie bisweilen Kostproben von der Kunst ihrer Traumdeutungsweise. Jeder kann zu den eingesandten Träumen seine Ideen schreiben und meistens gibt der Träumer oder die Träumerin wie in jeder Traumgruppe einen Abschlusskommentar.

Ein weiterer Vorteil einer Mailingliste liegt darin, dass man von zu Hause, von unterwegs, aus den Ferien, ja letztendlich von jedem Ort der Welt aus an dieser Gruppe teilnehmen kann. Man ist an keinen Ort und keine Zeit gebunden. Wenn mich ein Traum auf einer Vortragsreise morgens beschäftigt, stelle ich ihn schnell noch vom Hotel aus in die Mailingliste. Abends vor dem Vortrag können mir schon einige Kommentare zu denken geben – und mich inspirieren.

Bei Traumonline können Sie sich über Mailinglisten zum Thema Traum informieren.

Chats

Wer chatten will, kann schon rein statistisch
(bei 20 Millionen deutschen Usern!)
sicher sein, dass es irgendwo noch ein paar Hundert
andere Leute gibt, die das auch wollen.
Jörg Schieb

Eine Art der Traumgruppe, die man vom Sessel zu Hause aus mitmachen kann, ist der Chat, also das »Quatschen« über den Traum. Genau besehen ist solch ein Traum-Chat wie eine Mailingliste – nur dass die Mitglieder alle zur gleichen Zeit online sind. Sie haben einen heißen Draht zueinander und können sich direkt unterhalten. Der Vorteil und der Nachteil des Traum-Chats besteht darin, dass man direkt reagieren kann. Man wird also viel spontaner sein. Da man aber seine Antwort per Tastatur eingeben muss, hält man sich kurz – im Telegrammstil. Ist das nicht der Fall, hinkt man zeitlich mit seiner Antwort hinterher und das Gespräch über den Traum hat sich längst in eine ganz andere Ecke bewegt.

Um Ideen zu seinen Träumen zu bekommen und sich von den Träumen der anderen anregen zu lassen, ist der Chat gut geeignet. Allerdings untersagt seine Form ein tieferes Eingehen auf den Traum, es sei denn die Teilnehmer bleiben diszipliniert lange genug bei einem Thema.

Wie bei den Traumgruppen gibt es Chats, die von einem Spezialisten geleitet werden und solche, bei denen sich Laien über ihre Träume austauschen. In einem Traum-Chat, der von einem Spezialisten geleitet wird, lernt man meistens schneller, mit seinen Träumen konstruktiv umzugehen als in einer Laiengruppe.

Träume für andere deuten – eine Zusammenfassung

Wird man angesprochen, die Träume einer anderen Person zu deuten, empfehle ich, dass es

- beraterisch geschieht
- an einem speziellen Ort, an dem man ungestört ist, stattfindet
- unterhaltsam statt vom therapeutischen Ernst geprägt ist

In Traumgruppen deutet man die Träume anderer Gruppenmitglieder, als ob es die eigenen wären. In einer Gruppe die Träume anderer zu deuten, hilft dem Verständnis auch der eigenen Träume weiter.

Zwischen folgenden Traumgruppen kann der interessierte Träumer wählen:

- Laientraumgruppen
  Sie besitzen den Vorteil einer sehr persönlichen Kommunikation und der langsamen Annäherung an die Welt der Träume.
- Geleitete Traumgruppen
  Sie besitzen den Vorteil, schnell und effektiv die Fertigkeit der Deutung vermittelt zu bekommen.
- Traum-Workshops
  Sie geben einen Einblick in die Kunst der Traumdeutung, helfen bei eigenen unverstandenen Träumen sowie dabei, bestehende Fähigkeiten der Traumdeutung weiterzuentwickeln.
- Traum-Mailinglisten
  Sie besitzen den Vorteil, dass man jederzeit und von überall aus an ihnen teilnehmen kann. In ihnen kann man ein Gespür für die spontane Traumdeutung bekommen.
- Traum-Chats
  Sie besitzen den Vorteil, schnell zu sein. Das ist Traumdeutung im Telegrammstil, die einen lehrt, seine Deutungen auf den Punkt zu bringen.

Die Träume anderer sind grundsätzlich leichter zu deuten als die eigenen.

18

Ein kurzer Ausflug in die Geschichte der Traumdeutung

Der heutige Tag ist ein Resultat des gestrigen.
Was dieser gewollt hat, müssen wir erforschen,
wenn wir zu wissen wünschen, was jener will.
HEINRICH HEINE

Wer sich mit der Traumdeutung intensiver beschäftigen möchte, dem hilft es, sich in ihrer Geschichte zumindest in groben Zügen auszukennen. Es ist erstaunlich, wie wenig sich in ihr verändert hat. Viele technische Tipps und Kniffe, die Freud bereits vor über hundert Jahren in *Die Traumdeutung* empfahl, sind noch heute mit Gewinn anzuwenden. Alle »Modernisierungen« der Traumdeutung scheinen letztlich nur in der neuen Kombination von bereits seit Freud und Jung bekannten Techniken zu bestehen. Deswegen gibt das Studium der Geschichte der Traumdeutung gerade dem Anfänger dieser Kunst viele Anregungen. Es wirkt häufig wie ein Augenöffner.

Die frühesten Traumschriften stammen aus Ägypten und Assyrien und sind in Steintafeln gehauen oder in Ton geritzt worden. Die älteste dieser Schriften wird das »Hieratische Traumbuch« genannt, das um etwa 4000 v.u.Z. im mittleren Reich Ägyptens in Stein gemeißelt wurde. Aus der Zeit Hammurapis (1728–1686 v.u.Z.) wurde uns das »Assyrische Traumbuch« überliefert, obwohl der Ausdruck »Buch« auch hier eher unangebracht erscheint, da es sich um zwölf Tontafeln handelt.

Diese Traumschriften, die teilweise zwischen den Träumen von guten und bösen Menschen unterscheiden, sind nur noch von historischem Interesse. Sie zeigen uns jedoch, als wie wesentlich der Traum in der Frühzeit der Weltkulturen erachtet wurde, denn mit dem Beginn der Schrift wurden sogleich Träume, Traumsymbole und ihre Bedeutungen niedergeschrieben.

In unserer Kultur begann ein lebendiges Interesse breiter Bevölkerungsgruppen an der Traumdeutung mit Asklepios. Diesen griechischen Gott haben Sie bereits in dem Kapitel über die Heilträume kennen gelernt. Von den Praktiken in den Heiligtümern dieses Heilgottes können wir lernen, unsere Aufmerksamkeit öfters auf die Symbolik des Heilens im Traum zu richten – besonders dann, wenn der Träumer akut oder chronisch krank ist. Ferner zeigte dieser Heilkult, dass es möglich ist, sich Träume zu einem bestimmten Thema zu bestellen. Die so genannte Trauminkubation fand in der Antike durch das gesellschaftliche Umfeld des Heiltempels statt. Hier wurde wie im euro-asiatischen Schamanismus eine Situation inszeniert, die das Auftreten spezieller Träume wahrscheinlich macht. Heute versucht man, Träume mit Affirmationen zu inkubieren. Eine Affirmation vermag jedoch niemals so stark zu wirken, wie ein gesellschaftliches Umfeld.

Noch viel einflussreicher als der Heilkult des Asklepios war das Traumbuch von Artemidors von Daldis (wahrscheinlich 2. Jahrhundert u.Z.). Seinen Einfluss kann man bis hin zu Freuds sexueller Sicht der Symbolik verfolgen. Artemidors Traumbuch ist das einzige, das aus einer Fülle ähnlicher Schriften erhalten geblieben ist. Zu allen Zeiten hat man die Träume – von wenigen Skeptikern (wie zum Beispiel Cicero) abgesehen – für eine das Leben bestimmende Kraft gehalten. Es gibt viele Träume, welche die Welt oder zumindest das persönliche Leben der Träumer grundlegend verändert haben. Die Antike war traumgläubig, doch galten nicht alle Träume als zukunftsweisend. Als zukunftsweisend sah man speziell solche Träume an, die viele Symbole aufwiesen. Artemidors Traumbuch gibt eine Fülle von Symbolen wieder, die er nach einem System ordnet, das mit der menschlichen Geburt beginnt. Sexualität spielt eine herausragende Rolle bei ihrer Deutung. Die frühe Traumdeutung betrachtete wie die Psychoanalyse intensiv die sexuelle Seite des Traums. Beide sahen unser Triebleben wie das kochende Wasser in einem Druckkochtopf an: Brodeln die Triebe zu arg, entweichen sie als Dampf. Dieser flüchtige Dampf schafft eine Druckentlastung und diese ist dem Traum vergleichbar, der den Druck des Trieblebens verringert. Eine derartige mechanistische Auffassung des Traums als Triebabfuhr kann man bis in die heutige Traumdeutung hinein erkennen.

Die Römer besaßen eine nüchtern pragmatische Einstellung zum Traum: Man setzte Träume, die eher erdacht waren als wirklich geträumt (wie die Träume der Bibel) als politische Propaganda ein und ging davon aus, dass die Götter im Traum bisweilen zu den Politikern und Bürgern sprachen. Solche Träume mussten dem Senat angezeigt werden.

Im Mittelalter interessierte die okkulte Seite des Traums. Papst Gregor (715–731) hat zu Beginn dieses Zeitalters kategorisch festgestellt, dass die Träume vom Teufel stammten, was Hildegard von Bingen jedoch abmilderte, indem sie wie in den ersten Traumbüchern der Ägypter den Traum vom Lebenswandel des Träumers abhängig sah. Nur der Traum der Bösen stammte vom Teufel. Das Volk scherte sich wenig um die möglichen Quellen des Traums. Es träumte fürchterliche Träume des Jüngsten Gerichts, die zum Ende dieser dunklen Zeit von Hieronymus Bosch und Pieter Breughel dem Jüngeren auf die Leinwand gebannt wurden. Nach dieser Dämonisierung des Traums wurde es ruhig um den Traum. Die Aufklärer standen ihm äußerst skeptisch gegenüber. Denis Diderot (1713–1784) sah in seiner *Encyclopédie* den Traum als Wahn und unverbindliches Spiel der Fantasie. Erst die romantischen Dichter ließen sich von der innerweltlichen Poesie des Traums berauschen. Die Sehnsucht war es, welche die Romantiker an ihm anzog. Der Traum wurde zum Sehnsuchtsbild und zum Weg der Verbindung mit den höheren Kräften der Natur. Besonders Ludwig Tieck (1773–1853), Johann Freiherr von Eichendorff (1788–1857) und Novalis waren brennend am Traum interessiert, der ihnen als ein Fenster zum Unbewussten und zu den Gefühlswelten erschien. In der Literatur dieser Dichter werden Träume so kenntnisreich eingesetzt, dass man von einer literarischen Vorwegnahme der Psychoanalyse sprechen kann. Die Romantiker waren von dem überaus einflussreichen Theologen und Arzt Franz Anton Mesmer (1734–1815) fasziniert, der sich ausgiebig dem Traum widmete und mehr noch von dem Wissenschaftler und Goethefreund Carl Gustav Carus (1789–1896). Mesmers Spezialität war die Heilung von Albträumen durch eine hypnoseartige Technik: Er »mesmerisierte« seine Patienten. An Mesmers Auffassungen von der animalischen Energie, die sich im Traum zeigt und an dessen Technik knüpfte Freuds erster Lehrer Jean-Martin Charcot (1825–1893) an. Carus betrachtete wie Mesmer den Traum als einzigen Zugang zum menschlichen Gefühl. Er nahm ferner C. G. Jungs Ansicht voraus, dass unser Unbewusstes zwei Ebenen aufweist.

Danach betraten schon Freud und Jung die Bühne der Traumdeutung. Beide fühlten sich von den antiken Traumbüchern und besonders von Artemidor inspiriert. Freud war ein Arzt, der sich dem Heilen verschrieben hat. Er heilte, indem er die in den Träumen versagte Wunscherfüllung aufspürte und diese dem Träumer oder der Träumerin bewusst machte. Für Freud war klar: Die große Zeit des Kampfes um den Lustverzicht ist unsere frühe Kindheit. Störungen der frühkindlichen sexuellen Phasen neurotisieren und lassen uns bestimmte Verhaltensweisen ständig wiederholen, obwohl sie uns nicht glücklich machen. Freuds Blick war also einseitig rückwärts gewandt in die Kindheit des Träumers.

Aktuell ist noch heute Freuds Unterscheidung der verschiedenen Taktiken des Zensors im Traum, einen Inhalt zu verschlüsseln. Dazu gehören als wichtigste:

- die Verschiebung
- die Verdichtung

- der Pars-pro-toto-Bezug
- die Darstellung des Gegensatzes zum Gemeinten

Bei der Verschiebung wird der emotionale Gehalt im Traum auf einen anderen Bereich übertragen. Die Angst vor den wirtschaftlichen Verhältnissen stellt sich beispielsweise im Traum als Angst vor einer Naturkatastrophe dar.

Bei der Verdichtung konzentriert der Traum ähnliche unbewusste Emotionen auf ein Bild oder eine Situation. Deswegen hilft es bei der Deutung mit der Betrachtung der Emotionen zu beginnen, die der Träumer während des Traums erlebte. Unterschiedliche Ängste können sich in einem einzigen Traumbild der Angst ausdrücken.

Beim Pars-pro-toto-Bezug, bei dem der Teil für das Ganze steht, drückt zum Beispiel das Traumsymbol »Hand« die Tatkraft der entsprechenden Traumgestalt aus.

Die Darstellung des Gegensatzes zum Gemeinten, die zuerst Freud bemerkte, die dann aber von Jung einseitig betont wurde, zeigt sich in jedem komplementären Traum. Der Traum entführt die Träumerin in eine Stimmung der Ruhe, wenn sie gestresst ist. Träume der Aktivität dagegen sprechen die Lethargie des Träumers an. Jung nahm von den meisten Träumen an, dass sie komplementär, also als Gegenbild zu der Wirklichkeit des Träumers zu deuten seien.

Nach Freud gilt ein Traum als gedeutet, wenn der Bezug seiner Symbolik auf Erlebnisse der frühen Kindheit, die den Träumer heute noch prägen, erkannt wird. Mit diesem rückwärts gerichteten Blick Freuds brach Jung. Wie die volkstümliche Traumdeutung aller Zeiten richtete er den Blick in die Zukunft – nicht indem er wie seit griechisch-römischer Zeit den Traum als Zukunftsorakel ansah, sondern indem er die Möglichkeiten des Träumers betrachtete, die sich in dessen Träumen abbildeten. Jung besaß die erstaunliche Sensibilität, voraussagende Warnträume zu erkennen, bevor das betreffende Ereignis eintrat. Ein Bekannter erzählte Jung von seinem Bergsteigertraum. In diesem Traum war der Bekannte auf den Gipfel gelangt und stieg, als ob es normal sei, in der Luft weiter. Jung wusste sogleich, dass dies ein Warntraum war und drängte seinen Bekannten vergeblich zur Vorsicht. Einige Wochen später kam der Träumer in den Bergen um. Er war an einem Abgrund ohne Zögern ins Leere getreten, als ob es dort weitergehen würde.

Jung schenkte der Traumdeutung die Vorstellung des kollektiven Unbewussten. Er nahm an, dass es unter dem persönlichen Unbewussten, das Freud ausführlich erforschte, eine tiefere Schicht gab – die des kollektiven Unbewussten. In diesem Urgrund sind die Erfahrungen der Menschheit als Grundmuster gespeichert, die Jung als »Archetypen« bezeichnet. Alle Traumsymbole werden von diesen Archetypen hervorgebracht.

Die Betrachtung des Schattens als das, was wir an uns nicht erkennen können, geht ebenfalls auf Jung zurück, ebenso die Betrachtung der männlichen und weiblichen Seite des Träumers und der Träumerin, die er *Animus* und *Anima* nennt. Allerdings wird in Jungs Werk der *Animus* stiefmütterlich behandelt. Das rührt daher, dass Jung – wie vor ihm Freud – weit gehend von einer männlich geprägten Psyche ausging. Daher war für ihn die *Anima* aktueller und geheimnisvoller als der *Animus*. Eine ausgewogenere Betrachtung von *Animus* und *Anima* finden wir bei Jungs Frau Emma.

Unter dem Einfluss der analytischen Psychologie Jungs verbinden sich heute sowohl die alten Strömungen der Traumdeutung und Symbolbetrachtung, als auch postmoderne Techniken wie die zielgerichtete Veränderung und Nutzung eines Traums. Die DreamCreativity©-Methode, an die ich mich weit gehend in diesem Buch halte, nimmt wie aus einer Werkzeugkiste voller Methoden das heraus, was sie gebrauchen kann. Sie deutet die Träume pragmatisch auf ein Ziel hin und schult die Träumer, ihre eigenen Begrenzungen zu erkennen und aufzulösen.

Neueste Ansätze in der Traumdeutung sind entweder physikalisch ausgerichtet oder sie benutzen Techniken der humanistischen Psychologie. Letztere gehen letztendlich auf Jacob Levy Morenos (1892–1974) Psychodrama und auf Fritz Perls (Frederick S. Perls, 1893–1970) Gestaltpsychologie zurück. Die

Gestaltpsychologie betrachtet geradezu dogmatisch den Traum nur subjektstufig, um die augenblickliche Betroffenheit des Träumers zu steigern. Im Psychodrama werden Träume als Vorlage für kleine Theaterszenen genommen, welche die Spieler sich in den Traum hineinleben lassen. Die bei dem Spiel aufsteigenden Emotionen bewusst zu spüren, ist das Ziel einer solchen Deutung. Und wie man Familien, Firmen und Organisationen aufstellen kann, so kann man Träume aufstellen. Besonders wenn es in den Träumen um das Thema Widersacher oder Helfer geht, kann man diese archetypischen Figuren durch andere darstellen lassen. Der Nachteil ist jedoch, dass man zu diesen szenischen Traumbearbeitungen stets eine Gruppe benötigt. Allein kann man solches bestenfalls auf der Vorstellungsebene durchführen – aber das hat längst nicht eine derartige Wirkung wie das reale Träumestellen.

Physiker, die heute mit zunehmendem Interesse den Traum betrachten, sind wenig an seiner Deutung interessiert. Sie faszinieren hauptsächlich die Zeit- und Raumverhältnisse im Traum. Der Beginn dieses Interesses der Physiker am Traum geht auf die Freundschaft von C. G. Jung mit dem Einsteinschüler und Nobelpreisträger Wolfgang Pauli (1900–1958) zurück. Ihren gemeinsamen Überlegungen zu nicht logisch erklärbaren Zusammenhängen entsprang der Begriff der Synchronizität. Jung schildert selbst solch ein Synchronizitätsphänomen: Als eine Patientin ihm einen Traum von einem Eisvogel erzählt, fliegt ein Eisvogel gegen das Fenster des Behandlungszimmers, was nie zuvor und nie mehr danach vorkam. Synchronizität scheint eine grundlegende Eigenschaft des Traums zu sein, denn die Träume der Nacht sind synchron mit den Ereignissen der Vortage verknüpft.

Abriss der Geschichte der Traumdeutung

Früheste Schriften zur Traumdeutung:
Träume sind vom Lebenswandel des Träumers abhängig. Feststehende Bedeutungen der Symbole werden angenommen (normative Symboldeutung).

Ägypten, mittleres Reich:	Hieratisches Traumbuch (etwa 4000 v.u.Z.)
Assur:	Assyrisches Traumbuch (um 1700 v.u.Z.)

Antikes Griechenland:
Die Träume werden hauptsächlich betrachtet, um physische Krankheiten zu heilen. Der Traum wird zur Diagnose und zur Bestimmung der Kur gebraucht.

Asklepios, Heilkult:	Dieser Kult war besonders vom 5. Jahrhundert v.u.Z. bis in die Spätantike äußerst populär.

Römisches Reich:
Die Römer sind an politischen Aussagen des Traums interessiert. Cicero (106–43 v.u.Z.) vertritt die Auffassung, dass Träume keinerlei wesentliche Aussagen enthalten. Träume werden zur politischen Propaganda eingesetzt.

Artemidor von Daldis:	Er schreibt wahrscheinlich im 2. Jahrhundert u.Z. das meistbenutzte Traumbuch in der Geschichte der Traumdeutung. Mit ihm beginnt die sexuelle Deutung der Traumsymbole.

Mittelalter:
Der Traum wird im Mittelalter zum Albtraum. Das beginnt mit Papst Gregor (8. Jahrhundert), der den Traum als Machwerk des Teufels verdammt.

Hildegard von Bingen:	Wie die früheste Traumdeutung sieht Hildegard von Bingen (1098–1179) noch im Hochmittelalter den Traum und dessen Bedeutung vom Lebenswandel des Träumers abhängig.

Aufklärung:

Der rationale Geist der Aufklärung misstraut dem Traum. Die Hexen werden verfolgt, in deren Händen die volkstümliche Traumdeutung liegt.

Denis Diderot:	Diderot (1713–1784) drückt die klassische Einstellung des 18. Jahrhunderts aus, wenn er den Traum als Wahn betrachtet. Aus dieser Zeit stammt das Sprichwort: »Träume sind Schäume.«

Romantik:

Die Literaten der Romantik lassen die abgebrochene Beschäftigung mit dem Traum wieder aufleben. Der Traum gilt als Fenster zu den natürlichen Innenwelten. Die Dichter der Romantik nehmen viele Einsichten der modernen Traumdeutung voraus.

Franz Anton Mesmer:	Mesmer (1734–1815) popularisiert wie kein anderer die Betrachtung der Träume und wirkt damit nachhaltig auf die Künstler der Romantik.
Carl Gustav Carus:	Der Arzt und Goethefreund Carus (1789–1896) beeinflusst ebenfalls die Romantiker mit seiner Ansicht, dass der Zugang zum menschlich Gefühl nur über den Traum gegeben sei. Er nimmt C. G. Jungs Ansicht voraus, dass unser Unbewusstes zwei Ebenen aufweist.

Moderne:
Die Psychoanalyse, die mit Freuds Buch *Die Traumdeutung* (1900, eigentlich November 1899) beginnt, verhilft der Betrachtung des Traums zu wissenschaftlicher Anerkennung.

Sigmund Freud:	Freud (1856–1939) untersucht als erster ausführlich und systematisch die Gesetze des Traums und seiner Deutung. Freud bezieht sich auf Artemidor und die romantischen Dichter. Freuds Lehrer ist unter anderem Jean-Martin Charcot (1825–1893), der noch Mesmer nahe stand. Freuds Sicht des Traums ist von seiner mechanistischen Triebtheorie geprägt.
Carl Gustav Jung:	Jung (1875–1961) ist Mitarbeiter Freuds, trennt sich aber später von seinem Meister. Jung ist hauptsächlich an der überpersönlichen und spirituellen Seite des Traums interessiert. Er beeinflusst nachhaltig die Traumdeutung, indem er Begriffe wie Archetyp, Schatten, Animus und Anima prägt.

Postmoderne:
In der Postmoderne beschäftigen sich besonders die humanistische Psychologie und die moderne Physik mit dem Traum. Der humanistischen Psychologie geht es wie den Romantikern um die Gefühle und die Betroffenheit des Träumers. Die Quantenphysik ist am Phänomen der Zeit und des Bewusstseins im Traum interessiert. Deswegen betrachtet sie hauptsächlich vorausweisende und luzide Träume.

Jacob Levy Moreno:	Morenos (1892–1974) Psychodrama bringt den Körperausdruck in die Traumdeutung.

Frederick S. Perls:	Perls (1893–1970) betrachtet im Gegensatz zu seinem Lehrer Freud nur die Subjektstufe des Traums.
Fred Alan Wolf:	Der zeitgenössische amerikanische Physiker Wolf versucht seit Beginn der neunziger Jahre Träume mit den Gesetzen der Quantenphysik zu erfassen und dabei eine Synthese von Physik, Neurologie und Psychoanalyse zu schaffen.

19

Empfehlungen für den Umgang mit Träumen

O ein Gott ist der Mensch, wenn er träumt,
ein Bettler, wenn er nachdenkt.
FRIEDRICH HÖLDERLIN

In diesem Kapitel möchte ich meine Empfehlungen für die Traumbetrachtung systematisch für Sie zusammenstellen. Meine Empfehlungen gelten für jede Deutung eines Traums. Es sind »die goldenen Regeln der Traumdeutung«. Diese Empfehlungen sind speziell für diejenigen unter Ihnen von Nutzen, die sich in der Traumdeutung noch unsicher fühlen. Mit zunehmender Erfahrung werden sie unwesentlicher, da Sie einen eigenen Stil der Betrachtung entwickeln werden.

Die Deutung der eigenen Träume

Man versteht bestenfalls den anderen – aber sich?
W. H. AUDEN

- Achten Sie zuerst auf das Gefühl, das der Traum in Ihnen auslöst.
  Bei positiven Gefühlen wendet man sich bei der Deutung eher dem positiven Pol der Symbole zu, bei negativen Gefüh-

len eher dem negativen Pol, der Ihnen zeigt, was zu verbessern beziehungsweise zu ändern ist.

- Assoziieren Sie zu jedem Symbol des Traums.
  Sammeln Sie alles, was Ihnen zu den Traumsymbolen einfällt, ohne es zu bewerten und suchen Sie nach einem inneren Zusammenhang der unterschiedlichen Deutungsideen. Verknüpfen Sie Ihre Assoziationen zu einer Geschichte oder Aussage.
- Deuten Sie den Traum zunächst subjektstufig.
  Betrachten Sie jedes Symbol als Hinweis auf einen Anteil von Ihnen selbst. So berührt Sie die Deutung.
- Achten Sie bei der Deutung Ihres Traums stets auf Hinweise auf Ihre Möglichkeiten und auf Problemlösungen.
  Konzentrieren Sie sich auf die hilfreichen Aspekte Ihrer Träume. Lassen Sie sich von Ihren Träumen inspirieren.
- Zur Verfeinerung der Deutung betrachten Sie die Handlungen der Traumpersonen.
  Traumpersonen führen Ihnen oft Handlungsweisen vor, die für Sie erwägenswert sind.
- Fragen Sie sich, was Ihnen der Traum sagen möchte.
  Wenn Sie eine treffende Aussage gefunden haben, suchen Sie weiter, ob es noch eine andere passende Deutung gibt, die etwas sagt, das Sie zuvor nicht wussten.
- Warum produzierten Sie gerade jetzt diesen Traum?
  Damit wird die Frage aufgeworfen, wie der Traum auf Ihr alltägliches Leben reagiert. Er kommentiert sicherlich Ihre Sicht auf die Probleme, die Sie gerade zu lösen suchen.
- Zu welchen Änderungen im Alltagsleben inspiriert Sie dieser Traum?
  Schreiben Sie diese Änderungen auf und bemühen Sie sich, sie durchzuführen oder zumindest einmal auszuprobieren.
- Archetypische Träume weiten Ihren Blick auf die überpersönliche Bedeutung Ihrer Problematik aus.
  Die archetypische Schicht des Traums braucht bei einer persönlichen Deutung nicht unbedingt berücksichtigt zu werden.

Das mag auf den ersten Blick nach großem Aufwand aussehen. Mit ein wenig Übung können Sie diese Schritte jedoch in 5 bis 10 Minuten durchgehen. Es kommt zunächst weniger auf die Tiefe als auf das freie Spiel der Gedanken an. Tiefsinn kommt später – mit ihm wirkt die erdende und heilende Kraft der Bildung.

Die Deutung der Träume anderer

Nur schade, dass das Verstehen neunundneunzig Mal
unter hundert aus Bequemlichkeit
und höchstens einmal aus Güte geschieht.
Arthur Schnitzler

Traumdeutung für andere ist Dienst am anderen. Sie dienen am besten, wenn Sie Hilfe zur Selbsthilfe geben.

- Deuten Sie ausnahmslos die Träume anderer nur dann, wenn Sie dazu aufgefordert werden.
  Aufgedrängte Deutungen nutzen keinem. Ohne den Willen des Träumers, seinen Traum zu verstehen, ist kein Verständnis möglich.
- Die Grundlage für die Traumdeutung für andere ist eine vertrauensvolle Atmosphäre.
  Sie als Deutender oder Berater sind für die Atmosphäre der Traumdeutung verantwortlich.
- Deuten Sie nur Träume von Personen, die Ihnen psychisch stabil erscheinen.
  Nicht-therapeutischen Traumdeutern empfehle ich, sich von Problemfällen fern zu halten.
- Deuten Sie jeden Traum eines anderen, als ob es Ihr Traum wäre.
  Seien Sie sich bewusst, dass jeder Deutungsversuch von Ihrer psychischen Struktur bestimmt wird und weniger von der des Träumers. Allerdings mögen sich Ihre psychischen Strukturen und die des Träumers nicht grundlegend unterscheiden.

- Zwingen Sie Ihrem Gegenüber niemals eine Deutung auf. Was an den Deutungsvorschlägen zutrifft und was nicht, bestimmt letztendlich immer der Träumer oder die Träumerin.
- Beschränken Sie Ihre Tipps darauf, wie die Träumerin oder der Träumer ihre/seine Träume methodisch geschickter angehen können.
  Geben Sie keine Tipps für das Leben, denn diese entmündigen den anderen.

Wenn Sie diese Regeln beherzigen, dann wird die Traumdeutung Ihnen und anderen nicht nur helfen, ein glücklicheres Leben zu führen, sondern sie wird Ihnen auch Spaß machen. Sehen Sie die Traumdeutung als ein Spiel an, wird sie nicht erstarren und geistlos schematisch durchgeführt werden.

Nachwort

Die Mitte bringt es offenbar,
was am Ende ist und am Anfang war.
HAFIS

Ein Traum

Zum Schluss möchte ich Ihnen anhand eines Traums zeigen, wie eine konkrete Traumdeutung nach der DreamCreativity©-Methode aussehen kann. Zugleich möchte ich Ihnen dabei einen kleinen Einblick in die unterschiedlichen Methoden der Traumdeutung geben.

Neulich träumte ich, als Vogel hoch über meinem Haus in der klaren Luft zu fliegen. Zufrieden schaute ich auf mein rotes Heim und meinen sonnendurchfluteten Garten hinab. Ich kann mich nicht daran erinnern, was ich wirklich sah, aber es war schön …

Das ist zweifelsohne ein wenig verschlüsselter Traum, der mein distanziertes Ich ironisiert, das stets zum Abheben neigt. »In der Erdung liegt die Freude« notiere ich mir zu diesem Traum, nachdem ich tags zuvor auf einer höllisch hohen Leiter gestanden habe, um meine Fenster blau zu streichen. Wenn die Leiter zum Lehrer wird, beneidet man die Vögel, die einsame Höhen zu genießen wissen. Der Freudsche Tagesrest liegt in diesem Traum auf der Hand, es war mein mulmiges Gefühl, auf einer hohen Leiter zu arbeiten. Häufig setzt sich jedoch ein solcher Traum nur oberflächlich mit der konkreten Angst auseinander. Auf einer tieferen Ebene benutzt er dieses Erlebnis, um etwas auszusagen, das über diese einmalige Erfahrung hinausgeht. Das bedeutet, dass die konkrete Leitererfahrung Symbole für tiefer liegende Herausforderungen erzeugt.

Mit diesem Traum wende ich mich an die erschlagende Menge einschlägiger Literatur. Mir wird Angst und Bange: »Wer so träumt«, lese ich, »kann leicht Gefahr laufen, dass seine Seele nicht mehr in den Körper zurückfindet.« Das erinnert mich an die einflussreichen theosophischen Gesellschaften, die ab Ende des 19. Jahrhunderts annahmen, dass bei Flugträumen die Seele eine Astralreise unternimmt und dabei durch einen Silberfaden mit dem Körper verbunden ist. Reißt der Faden, kann die arme Seele nicht mehr zurückkehren. Einige Esoteriker nahmen an, dass diese irrenden Seelen für unsere Albträume verantwortlich sind. Es ist erstaunlich, wie fantasievoll bis zu Beginn des zwanzigsten Jahrhunderts selbst Spezialisten den Traum betrachteten.

Sehe ich diesen Traum als Astralreise an, würde ich mich mit dieser Deutung von der symbolischen Struktur des Traums entfernen. Diesen Traum so zu betrachten, gibt mir als Träumer wenig Hinweise für mein Alltagsleben. Aber mir fällt es sowieso schwer, meinen Flugtraum als Astralreise zu akzeptieren. Ich wende mich der Ebene seiner Symbolik zu. Der Träumer überwindet die Erdenschwere – also seinen Körper – und begibt sich in das Reich der Vögel. Das geht mit evolutionsbiologischen Forschungen der Amerikaner vor einigen Jahren überein, die keck behaupteten, dass wir beim Flugtraum unbewusst auf die Stufe unseres Vogelhirns zurückfallen.

»Und was sagt mir das?«, frage ich mich verwundert.

»Du hast ein Vogelhirn!«

Nach meiner Leitererfahrung ziehe ich es vor, im Innen und nicht im Außen zu fliegen. Ich fliege durch meine Innenräume im Traum und sehe mein Haus, meine Heimat. Es ist die Heimat in mir, die ich in mein Haus und meinen Garten hineinsehe und nach der ich mich zugleich sehne. »Wo ist dein Zuhause?«, scheint dieser Traum zu fragen. »Wo fühlst du dich geborgen und verbunden?« Es ist die Frage nach meiner inneren Heimat, nach meiner kulturellen Verwurzelung.

Aber wie bin ich doch verblendet, lese ich in einem hoch esoterischen Buch. Ich sehe egoistisch meine Welt nur durch die psychologische Brille. Und wieder geistert hier die amerikanische Forschung herum, wenn geschrieben wird, dass ich eine Zeitreise unternommen habe und in ein früheres Leben gerutscht bin, in dem ich ein Vogel war. Es ist natürlich mein Karma, dass ich jetzt in dem berühmtesten Vogelschutzgebiet Europas lebe. Solche Spekulationen über frühere Leben waren speziell in der Traumdeutung der achtziger Jahre des letzten Jahrhunderts en vogue.

Ich gebe es zu, wenn die früheren Leben angeführt werden, werde ich nervös. »Abwehr!«, hätte Freud triumphierend gefolgert. Es stimmt, mit früheren Leben hadere ich: Wie kann ich mein Haus, das erst fünfzehn Jahre alt ist, in meinem früheren Dasein als Vogel gesehen haben? Diese Lappalie bringt jedoch einen esoterischen Traumdeuter nicht aus der Ruhe. Ich befragte einige. Hatten sie nicht gerade ihre intellektfeindliche Phase, redeten sie klug von Hologrammen, die im Traum übereinander projiziert werden. Man sieht mehrdimensional, lebt zugleich in vielen Welten. Man lebt in der heutigen Welt und dem vorigen Leben zugleich und der Traum mischt kunstvoll beide Realitäten.

Als Metapher für unser Bewusstsein lasse ich das noch gelten, aber ein »echter« Esoteriker nimmt wie die Zeugen Jehovas alles wörtlich – eine Haltung, die sich nicht gerade für Traumdeuter eignet.

»Ich werde auch gar nicht deuten«, erklärt mir einer dieser Deuter aufgeregt, er will mir meine früheren Leben zeigen.

»Zum Glück«, denke ich und sage laut: »Warum denn das schon wieder?«

»Weil du im Traum von dort angezogen wirst!«, antwortet er mir weise lächelnd.

Ich wage zaghaft einzuwenden, dass diese vorigen Leben sich doch jetzt in unserer Vorstellung abbilden – »und ob es die nun wirklich, ich meine real, gegeben hat, wer weiß das schon«. Darauf muss die nicht gerade kommunikationsfördernde, aber um so sibyllinischere Antwort folgen: »Was ist real und wirklich?«

Wenn ich ihm noch gesagt hätte, dass ich den Rückgriff auf vorige Leben für einen flachsinnigen Kurzschluss der Traumdeutung halte, hätte er mich wohl gleich hinausgeschmissen. Ich, der ich ikarusgleich als Vogel zur Sonne aufsteige – welch ein Karma! Als humanistisch Gebildeter fürchte ich eher den Absturz ins Meer, den Jung als Inflation bezeichnete. Ich kann auch meine männliche Zwanghaftigkeit erkennen, die stets den Überblick benötigt, um in der Illusion der Kontrolle seiner Umwelt zu leben. Mit vorigen Leben und anderen Realitäten hat das wenig zu tun. Es geht um meine Realität hier und jetzt. Mit der Einführung der vorigen Leben in die Traumdeutung kann man sich freilich das mühsame Geschäft der Erklärungen sparen.

Nach alledem rufe ich gespannt meinen alten Schulfreund an, der als Gestaltpsychologe streng nach Obervater Fritz Perls die Träume deutet.

»Versetze dich in den Vogel und erzähle den Traum aus dessen Perspektive«, höre ich noch, als meine Gedanken wegfliegen: Dieser Traum besitzt eine Magie. Jeden fasziniert sogleich der Vogel – die antike Vogelschau ist eine der ältesten Formen der Magie.

Aber jetzt wird Traumdeutung für Introvertierte gespielt: Alles wird auf mich bezogen, jedes Symbol bin ich. Die Außenwelt und ihre Bezüge zerrinnen mir auf heißem Stuhl zwischen den Gedanken. Sagten das nicht die Tibeter: *Tat Tvam Asi*: Alles bist du. Ich bin mein Haus, der Vogel und mein Garten. Alles liegt im Sonnenlicht, es scheint mir gut zu gehen. Das Licht des Bewusstseins erleuchtet mich. Ich bin das Licht. Wenn das keine narzisstische Deutung ist …?

Da Freud nicht gerade en vogue ist, deutet man trotzig jeden Traum nur subjektstufig. Wahrscheinlich liegt das daran, dass die meisten Traumdeuter erschreckend introvertiert sind und sich vor der Außenwelt fürchten. Der Introvertierte spielt am liebsten in der Innenwelt. Extravertierte – wie Freud – genießen die Außenwelt mit ihren Bezügen.

Angeregt durch das gestaltpsychologische Streiflicht auf meinen Traum, wende ich mich verstärkt mit der DreamCreativity©-Methode wieder meinem Traum zu.

Ich bin mein Haus und erlebe damit jenes Ich in mir, das mir Sicherheit und Gemütlichkeit vermittelt. Ich sollte mir ein guter Vater, eine gute Mutter sein – ich weiß. Mein Haus wird im Garten gesehen, der meine gezähmte Natur symbolisiert. Man ist häufig domestizierter als man denkt. Das Haus im Garten ist schön, in der wilden Natur würde es mir Angst machen. Der Garten ist der Ort der Kultur und jener der Verführung. Er geht letztlich auf das Paradies zurück. Wo finde ich das verlorene Paradies in mir?

Nach Freud spricht mein Traum – wie jeder Flugtraum unter anderem – von Orgasmussehnsucht. Und versteckt sich da nicht eine Erfolgsabhängigkeit?

Erfolg macht den Mann potent. Ich denke, als erfolgreicher Mann werde ich geliebt. Die Frauen liegen mir zu Füßen. Ich erhöhe mich so und schwebe über allem – unerreichbar. Die Liebe meiner Mutter erkaufte ich mir mit Erfolg, der mich gerade von den Objekten meiner Liebe entfernte.

Hielt man Freud entgegen, dass er die Welt lüsternen Auges betrachtete, so muss heute der Missbrauch als real in jedem Traum entlarvt werden. Einer Frau, die einen ähnlichen Traum vom Fliegen kürzlich in meiner Gruppe erzählte, erklärte ein frauenbewegtes Gruppenmitglied sogleich mit schwesterlichem Eifer, dass sie aus der realen Welt in die sonnige Scheinwelt Ihrer Träume flüchte. »Ein typischer Traum missbrauchter Frauen. Die entschweben flüchtend in die klaren Räume der Anderswelt.«

»Ich kann mich an nichts erinnern!«, protestierte die Träumerin, da wurde der entlarvende Satz ausgesprochen: »Jeder ist missbraucht worden!«

Naja, vielleicht bin ich auch missbraucht worden. Die verinnerlichte Mutter, die immer Leistung fordert, schickte mich auf die Leiter, um mich dann unten als Held zu empfangen, als Ödipus rex. Da die Leiter natürlich zu angsterregend wirkt, schafft der Traum die Vogelsituation, wobei es als Verdrängung anzusehen wäre, hier nicht auch »vögeln« zu assoziieren. Da fällt gleich noch eine Assoziation über mich her: Die Leiter war so schwer aufzurichten und der Vogel erhebt sich so leicht …

Genug des Freudelns: 1939 schrieb Freud einen Aufsatz mit dem erstaunlichen Titel »Abriß der Psychoanalyse«. »Abriss« – welch zweideutiges Wort; sollte Freud kurz vor seinem Tod noch ironisch geworden sein?

Um welchen Vogel handelt es sich in diesem Traum? Ich weiß es nicht genau. Es war ein heller Vogel, eine Taube oder eine Möwe. Die Taube würde meine sanfte Seite verkörpern. Sie bringt den Frieden, womit letztlich der Seelenfrieden angesprochen wird.

Die Taube ist ferner das Tier, das ohne Falschheit ist. Es ist das »edle Natürliche«, von dem der französische Maler Henri Rousseau (1844–1910) schwärmte. Sie ist die Geliebte, für die der altertümliche Kosename »mein Täubchen« gebraucht wurde. Dabei fällt mir die geliebte Frau ein, die mir in meinem Haus fehlt. Aber ist das nicht eine falsche Sehnsucht, die eigene Heimat in einer Liebesbeziehung zu suchen?

Die Taube stand seit der Antike für den inspirierenden Geist, der sich so leicht in die klaren Lüfte der Abstraktion erhebt. So erhebe ich mich und betrachte meine Umwelt sicher aus der Distanz, die ich durch meine Intellektualität erzeuge.

Aber vielleicht war es doch eher eine Möwe. Sie ist aggressiv und drückt unsere gierige Seite aus. Die Gier spricht mich hier an. Sie ist mir peinlich. Ich lehne sie ab. Aber welche Gier wird angesprochen? Die Gier nach Glück und Zufriedenheit? Freud hätte hier sicher die sexuelle Gier vermutet, die Eigenschaft, niemals so recht befriedigt zu sein.

Was mache ich nun mit diesem Traum? Ich habe das Gefühl ihn verstanden zu haben, aber das scheint nicht genug zu sein, um mich zu ändern. Jeder Traum möchte uns zur Änderung inspirieren. »Mehr Erdung, weniger Distanz«, so fasse ich die Aussage dieses Traums auf. Also schreibe ich ihn um: Ich sehe Haus und Garten nicht mehr von oben, sondern bewege mich durch den sonnenbeschienenen Garten und das helle Haus. Ich mache mir bewusst, wie ich mich in den einzelnen Zimmer fühle, wie der Garten mich anspricht.

Ich gehe langsam durch mein Haus und schaue mich um. Ich spüre, wie wohl ich mich hier fühle, aber es umweht mich auch eine wehmütige Einsamkeit. Als ich hinaus in den Garten trete, sehe ich hoch über mir eine Schar Möwen fliegen. Ich wende mich der Gartenarbeit zu.

Auf diese Weise habe ich also meinen Traum umgeschrieben und mir eine Visualisierungsgrundlage geschaffen, die ich mir abends im Bett vor dem Einschlafen genau vorstelle. Was hat sich verändert? Mir wurde klar, dass ich Gartenarbeit brauche, um ein Gegengewicht für die intellektuelle Arbeit zu schaffen. Ich komme jetzt häufiger von meinem Büro im oberen Stockwerk herunter in den Garten. Wie gut mir das Wühlen in der Erde tut, habe ich zuvor nicht gewusst. Mir fällt plötzlich auf, dass ich in meinem Garten oft andere arbeiten lasse und ihn aus sicherer Distanz des ersten Stockwerks von oben herab betrachte. Es ist typisch: Nachdem ich meinen Traum verändert habe, kommen neue Einsichten über den ursprünglichen Traum. Im Prozess meiner Veränderung verstehe ich weitere Aspekte meines Traums. Es wird unter anderem die Spannung zwischen meinen Beziehungssehnsüchten und meinen Beziehungsängsten angesprochen. Die trauminspirierte Handlungsänderung macht mich frei, den Traum konkreter zu verstehen und mich an meiner neuen Handlungsweise zu erfreuen. Ich versuche mich öfter auf andere einzulassen und spiele mit Nähe, die ich genieße.

Mit dieser kleinen Kostprobe zum Schluss dieses Buchs konnte ich Ihnen hoffentlich vermitteln, wie viele Möglichkeiten es gibt, selbst solch einen kurzen, kleinen Traum zu deuten. Ebenso wie bei jedem Traum sind bei kurzen Träumen viele Deutungen möglich. Als Träumer kann ich Ihnen sagen, dass keine der hier angeführten Deutungen unsinnig war. Es mag vielleicht nicht jede Deutung für mein jetziges Leben aktuell sein, aber jede dieser Deutungen inspirierte mich. Jede Deutung sprach etwas an, was mich betrifft.

Anhang

Der Autor

Klausbernd Vollmar, Diplompsychologe und Autor, wurde 1946 im Rheinland geboren. Abgeschlossenes Studium der Germanistik, Linguistik, Philosophie und Geologie; Lektor des Goethe-Instituts in Finnland, Forschungsstipendiat des Canada Council und Lehrauftrag an der McGill University/Montreal. Zweitstudium der Psychologie mit Ausbildung in tiefenpsychologischen Techniken nach C. G. Jung. Leiter eines Therapiezentrums in Amsterdam, längere Aufenthalte in Findhorn und Nepal. Schüler von Freifrau Dr. Olga von Ungern-Sternberg und dem Schamanen Black Horse Chavers, langjähriges Mitglied einer englischen Gurdjieff-Gruppe. Mitbegründer der Internetfirma »TraumOnline«, die umfangreich über das Thema Traum und Symbolik informiert und Beratungen und Seminare in diesem Bereich anbietet.

Er lebt in England und hält seit Jahren Seminare und Vorträge. Er führt Einzel- und Firmenberatungen sowie TeamCoachings durch.

Seine Bücher sind in mehr als zehn Sprachen übersetzt worden, er ist häufig im Radio zu hören und im Fernsehen zu sehen.

Seminarhinweis

Wer Interesse an Vorträgen, Workshops und (Ferien-)Kursen in Kleingruppen oder Einzelberatung und Coaching in deutscher Sprache hat, der wende sich bitte an:

Klausbernd Vollmar
Rhu-Sila
Cley next the Sea
Holt/Norfolk NR 25 7UD
Tel.: 0044/1263/740304
England
E-Mail: mail@kbvollmar.de
Internet: www.kbvollmar.de und www.traumonline.de